JN141417

W I Z A R D

ワイルダーのアダムセオリー

値動きこそがすべて

J・ウエルズ・ワイルダー・ジュニア［著］
長尾慎太郎［監修］　吉田真一［訳］

THE ADAM THEORY OF MARKETS OR WHAT MATTERS IS PROFIT

by J. Welles Wilder, Jr.

監修者まえがき

本書はワイルダーがジム・スローマンから購入した「アダムセオリー」の解説書である。さて、ワイルダー自身も述べているように、いったいどこのだれがマーケットにおける必勝法なるものに100万ドルも支払うというのだろう？　「常識」に照らせば、そのたぐいのオファーはほとんどがまがい物である。だがしかし、ここでの購入者はあのワイルダーなのだ。いったい私たちの「常識」には例外があるのだろうか？

アダムセオリーは大きく分けて２つの概念から構成されている。第一はトレンドフォローの概念であり、第二はマーケットにおける再帰理論である。前者のトレンドフォローの概念に関してはその有効性は疑いようはない。それは現在でこそ一般的になっているものの、ワイルダーがアダムセオリーを購入した1980年代半ばにおいてその優位性に気づいていたのはごく限られた人々だけであり、当時からこれまでにこの戦略によってもたらされた利益は、100万ドルどころか10億ドルでもきかないであろう。本書に紹介されているようにそれは極めてシンプルなものであるが、くれぐれもレベルが低い理論であると誤解してはならない。なぜなら、唯物論的弁証法における「否定の否定」の法則に見られるように、最高の叡智とプリミティブな物事のとらえ方とは往々にして一致するものなのである。むしろトレンドフォローの概念はマーケットを包括的にとらえるための極めて優れた思想であり、その本質を哲学者の三浦つとむ氏の言にならって表せば、「人間がその仕事に成功しようとするには、つまり予想した結果を得ようとするには、どうしても、自分の思想を客観的な外界の法則性に合致させなければならない（毛沢東・実践論）」となる。

では、第二の「再帰理論」はどうだろう？　考案されてから20年近くが経過した現在においても多少奇妙にみえるこの概念は、はたしてマーケットにおいて役立つものなのだろうか？　この問いに答えるために私は日本の主要なマーケットのデータを用いてバックテストを行った。検証においては物事を簡単にするために、人工知能の一種であるBP法によるニューラルネットワークを利用して「再帰理論」から得られる情報を学習させ、それが未来の価格変動をどの程度推定できるかどうかをみたのである。結果は当初予想していたたぐいのものとは異なっていたが、非常に面白いものになった。かなり興味の持てる傾向が現れたのである。これが100万ドルに値するかどうかは使い手によるだろうが、私は迷うことなく、この「再帰理論」を自分の運用システムに組み込むことに決めた。

本書の刊行にあたっては以下の方々に感謝の意を表したい。まず翻訳者の吉田真一氏のおかげで本書はスムーズに読み進めることができる書籍となった。また阿部達郎氏には丁寧な編集・校正をしていただいた。そして「再帰理論」のバックテストで利用したニューラルネットの理論と実践に関しては今道弘志氏にご教授をたまわった。最後に、本書が刊行の運びとなったのはパンローリング社社長の後藤康徳氏の慧眼があればこそである。

2003年８月

長尾慎太郎

本書をジム・スローマンに捧げる

「アダムは森羅万象に対して同調しているのであり、自分への同調を求めてはならない。自分への同調を要求することはおごりであり、そしてそのおごりが自分を滅ぼすのです。アダムに同調するためには、謙虚な心で導かれるままに追従することです。川の流れに逆らい上流に進もうとすると、執念深い敵は常に容赦なく私を押し戻し邪魔するでしょう。しかし、川は敵ではないのです。ただ、流れるべき方向に流れているのです。私たちがその川に同調することができ、その動きを反映し、同じ方向に進むことができるのなら、私たちの生活、そしてトレーディングは、川とともに穏やかに快適に流れるのです」

ジム・スローマン

CONTENTS

CONTENTS

本書は2003年に出版された『ワイルダーのアダムセオリー ―― 未来の値動きがわかる究極の再帰理論』を改題し、判型を変えて、新たに刊行し直したものです。

プロローグ

1983年秋、私はジム・スローマンという見知らぬ人物から電話を受けました。彼は相場についてある発見をし、その内容を私に高額で売ってもよいという話でした。もし私がシカゴに行くことがあるなら、その発見を私に披露しようと申し出たのでした。

このたぐいの電話を何度も受け、ほとんどの場合、雲をつかむような無意味な話に終わっている苦い経験から、私はスローマンの発見についていくつか質問をすることから始めました。彼は、相場の予想法、つまり、次の高値や安値のタイミングについて予測する方法を見いだしたとのことでした。彼の発見というのは、どうやらギャン理論やエリオット波動などのようにすでに知られているものを基本としたものではないようでした。

彼が売ろうとしているものが、どれくらい価値のあるものか、どのように判断できるのかと質問しました。彼は、私がシカゴに来て実際に検証したうえで買うかどうかを判断すればよいと言いました。私はスローマンの説明に十分に興味をそそられたことから、シカゴへの飛行機代と１日の時間を捨てるつもりでシカゴへ行きました。

スローマンが「デルタ」と呼ぶ彼の発見について説明を受けました。すべての市場に共通する完璧なまでの秩序の存在を彼が発見したことに驚きました。この秩序を理解することによって、すべての市場がかなりの精度で永久に予測可能となるのです。そして、それは本当に簡単なもので、数学などいっさい必要のないものでしたが、まだだれも考えたことのないものでした。私は自分の目にしたものに感嘆せざるを得ませんでした。

私は、その場で彼の求めていた多額の金額を支払い、夜の便でグリーンズボロに帰りました。そして６カ月の間、私はデルタが本物であることを確認するため、何年も前のデータにさかのぼって、その有効性の確認作業を続けました。さらに、私はスローマンが用いた市場以外の多くの異なる市場データを用いて確認作業を行いました。これらの膨大な作業の結果、デルタは過去においても現在と同様に正確であることを確認しました（今は1987年ですが、何年検証作業を続けても、過去いつの時点においてもそうであったように、その正確性が保たれています）。

1985年に私はデルタソサエティ・インターナショナル社を設立しました。この秘密団体のメンバーは将来の市場の転換点に関するデルタ情報を入手することができます。デルタ情報は2000年まで提供されます。その時点まで会員がいるのかいないのかは分かりませんが。

これまで述べてきたことは、次にお話しすることの背景です。この経緯について知らない場合、次に述べることが信じてもらえないことでしょう、もし信じてもらえるとしても、私が本当に愚か者だと思われるでしょう。

★★★★★

1985年春、デルタに関する検証を終えたときに、その内容を確認するためにスローマンをグリーンスボロに招きました。１週間ほどたち、お互いをよく知ることができたとき、スローマンはまた別の気になる発言をしたのです。

「ウエルズ、私がデルタを発見したとき、市場には秩序が存在するのかという疑問を持っていました。その問いに対する答えがデルタだったのです。そして、最近、私は新たな疑問を持つようになりました。トレードでどうやって儲けるのだろうかという疑問です。つまり、マーケットで成功するための原理はどのようなものなのかということです。その原理を意識的にか、あるいは無意識のうちに用いているトレーダーはマーケットで成功しているのです。それは前の疑問とは違うものです」

数カ月後、スローマンは「その答えを100万ドルで売ろう」と言ってきました。

「少し考えさせてくれ」と答えました。

★★★★★

私はジム・スローマンについて何を知っているというのでしょうか。彼は優れた才能の持ち主でした。彼の優れた知能は、高校生のときから知られていました。高校３年生のときに受けた全国的な数学の試験で、彼はトップグループの成績を収めたのです。そして、彼は国からの奨学金を受け、プリンストン大学の上級クラスで、数学と物理を学んだのです。

卒業後、スローマンはとらえどころのない満足感を探し求め、いろんなことをやってみました。まず、彼はある企業に就職し、抜きんでて出世しましたが、何かが足りないと感じたのです。小説を書いたり、コロンビア大学で映画制作を学んだりしています。しばらく株のブローカーや先物取引のトレーダーも経験していますが、性に合わないと感じてやめています。最近では、視覚化によって物事を実現させるという実験を重ねています。

スローマンは問題に対し、白紙の状態から取り組んで何かを発見するという特殊な能力を持っています。彼はその対象に対する彼の知識を投げ捨て、または脇に置いて、問題について自分が知っていると考えていることに影響されることなく、真の解答を見いだすことができるのです。そして、その方法がデルタを発見する唯一の方法だったのです。

スローマンはトレードについて多くの知識を持っていました。シカゴのトレードグループに誘われたこともあります。このグループは優秀なトレーダー、良くないトレーダー、そしてその他のトレーダーから選ばれたグループで、お互いになんらかを学びあうことを目的としていました。そして、グループ全体の取引量をもとに取引手数料の優遇を受けていました。スローマンはトレードで生計を立てようとはしていませんでした。彼は考える時間が欲しかったのです。新しいことを考え、新たな概念を生み出したかったのです。

私はスローマンが「マーケットで成功する基本原理」について大方の答えを見いだしていることを知っていました。スローマンは研究を継続するために、私から支払いを受け、総額が100万ドルとなる最後の支払いと交換にその答えを引き渡したのです。

★★★★★

デルタを見いだしたジム・スローマン以外のだれかが、「マーケットで儲ける秘密を発見したので100万ドルで売ろう」などというバカげたことを言ったとしたら、私は笑い飛ばしていたことでしょう。

1985年12月、私は南カリフォルニアで総額が100万ドルとなる最後の支払いを終えました。読者の方は、私が得たものすべてをこの本で学ぶことができます。

★★★★★

もうひとつ言っておくべきことがあります。なぜか？　なぜ私が100万ドルを支払って得たものをこのような高価でもない本として出版することにしたのでしょうか。理由は３つあります。私にとっての重要度の低い順位のものからお答えします。

もちろんお金は重要です。この本の価格は熟慮のうえで決定されました。無料か、ほとんど無視できるほど安い場合はだれもこの本を読まないことでしょう。貴重なものが無料で配布されるはずがないからです。一方、高すぎる場合はこの本を読む必要のある多くの読者が手にすることができなくなってしまいます。そのため、この本の価格は、これらの両極端の間で設定しました。また、この本で得る収益は、私のコントロールすることができない基金に入ります。基金は主に子供たちを援助する世界的な活動をサポートしています。

別の理由は、この知識を公開することによって、トレーダーとしての私にとってその有効性になんら影響を与えないということです。より多くの参加者が、市場に関する何らかの知識を得た場合、その有効性が減退することを知っています。しかし、その知識がより一般的な場合、多くの参加者が知ったとしても市場への影響度は小さいのです。例えば、ダウ理論というテクニカル分析が知られていない1800年代において、サポート（支持線）とレジスタンス（抵抗線）という概念はだれにも知られていなかったので、よく機能していたはずです。今日ではテクニカル分析を行うトレーダーならだれでもがサポートもレジスタンスもよく知っていますが、それが一般的であることから、今でも効果的なツールとして機能しているのです。アダムについての知識が出版されることによって、その有効性は減退することでしょうが、あまりに一般的であることから、その影響はほとんどないのです。

そして最大の理由は、私がこの発見を公開したいと願っているからなのです。貢献させてもらえることは栄誉だと考えます。

アダムの発見に対し、ジム・スローマンが世にいるうちにその功績をたたえてもらえるということは喜ばしいかぎりです。

★★★★★

最後に、デルタはマーケットの外向きな対称性、アダムは内向きな対称性といずれもマーケットの対称性にかかわるものです。ジム・スローマンはその両方を発見したのです。

はじめに

「テクニカル分析」は先物市場における基本的なトレード手法としてすでに確立し、最近、株式市場においてもその有効性が認められています。

テクニカル分析とはどのようなものでしょうか。

テクニカル分析とは、市場で実際に執行された取引から得られる情報だけをもとに市場を分析する手法です。これらの情報は価格、出来高、そして取組高などと呼ばれているものです。多くの市場を個別に分析すれば、新高値や新安値、価格の上昇や下落、出来高の増大や減少などの情報が得られます。

コンピューターの発達によって、短時間で膨大な量のテクニカル情報を分析することが可能になった結果、どの市場でもテクニカル分析が活発に利用されるようになりました。トレーダーたちは、人々が考え出した手法やシステムの数に圧倒され、どれを用いてトレードすべきか困惑するほどになったのです。同様に驚愕したのは、これらの手法やシステムは、すべて実際の取引から生じた３つの情報、つまり、価格、出来高、（そして先物の場合は）取組高のみに基づいているという事実です。

「テック」という言葉は革新的なトレード手法、そしててっとり早い利益の代名詞となりました。トレーダーたちはコンピューターとソフトウエアを競って購入し、その飽くことを知らない需要を満たすため、新たな産業も生み出されています。「テック」市場を評価し創設するための多くの雑誌が刊行されました。最良の商品を提供するために最先端の技術を集結したソフトウエア「産業」が生まれることになりました。

このようなグループに参加したトレーダーは、50を超えるテクニカル分析手法を駆使してトレードすることができるのです。彼らは自分がトレードする株式や商品市場が閉じたあとで、これらのシステムや手法を好きなだけ選択して分析することができるのです。コンピューターを自動的に起動させ、ほんの1～2時間後には翌日のトレード戦略に必要なすべての「分析」結果を手にすることができるのです。また、2～3週間にひとつのペースで、斬新で、さらに大きな利益をもたらすであろうシステムが考案され、トレーダーたちのシナリオに組み込まれることになります。トレードがうまくいかないときには、別のシステムに切り替えることもできます。

なんと複雑なことでしょうか。このような異常なシナリオでは、トレーダーたちは信頼できる究極のシステムに出合い、以降、幸福にトレードを行うことなどけっしてできないと考えるのが論理的ではないでしょうか。

現代において最も成功した先物トレーダーは、わずか2～3年で1億ドル以上の利益を得たと報告されています。雑誌のインタビューのなかで、いかにそのような成功を成し得たかとの質問に対し、彼は次のように答えています。

「トレードは見た目よりずっと単純なものです。トレードするためには、多くの不要なものを振り払わなければならない」と言っています。

私は本書に収めたアダムセオリーを習得するために、ジム・スローマンに100万ドルを支払いました。アダムセオリーについて、本書は何ひとつ省略していません。私が最初に学んだのは、**「トレーディングは、人々が考えるより単純である」**ということです。

そして2番目に学んだのは、**「何を無視すべきか」**ということです。

第1章

アダムセオリーとは

　アダムセオリーは世界中のあらゆる市場で利益を生み出すでしょう。アダムセオリーとは、マーケットに対する特別な見方であり、マーケットをトレードする特別な手法です。アダムセオリーはマーケットが発する情報のみに基づいて利益を上げる最も純粋で単純、そして簡単な取引手法です。

　しかし、アダムセオリーは単にそれだけではありません。**アダムセオリーは、将来のマーケットの動きについて、最も可能性の高い道筋を示唆してくれます。アダムセオリーは将来の値動きについての予想を可能とし、トレーダーにその道筋を示してくれます。**トレーダーはアダムセオリーが示唆する取引を実行すべきかどうかについて自らに問うだけです。そして、トレードすべきと確信するときに取引を実行するのです。

　アダムセオリーはいかなる時間枠にも応用することができます。つまり、アダムセオリーは日足、週足、月足、１時間足、５分足であれ、いかなる時間枠にも適用することができます。アダムセオリーは視覚的なものでもあり、単純なバーチャートが最も適しています。数学的な処理はいっさい必要ありません。

　では、日足のバーチャートを使用して、「トレードすべきか」との問題に戻ってみましょう。答えが「イエス」の場合、トレーダーは取引を実行します。翌日、トレーダーはアダムセオリーが示唆する最も可能性の高い値動きの道筋と照らし合わせ、ポジションを継続すべきかどうか自問するのです。さらに、最終的に答えが「ノー」の場合、アダムセオリーは手仕舞いの方法についても示唆してくれます。

アダムセオリーは、いっさいの裁量性を排除し、相場が自らについて発する情報のみをもとにこれらの機能を提供します。アダムセオリーは最も単純で純然としたコンセプトですが、それでもなお、多くのトレーダーは理解できないのです。

ジム・スローマンは次のように述べています。

「アダムセオリーは『相場で成功をもたらす基本原理は何か』との質問に焦点を当てています。つまり、『相場で成功するためには、……が必要である』という文章の……の部分に何を入れるべきかとの質問に答えるものです。マーケットで成功しているトレーダーたちが、意識的にか、無意識のうちに従っている共通の要因はあるのでしょうか」

★★★★★

「マーケットの仕組みを理論的に理解したり発見したりすることと、相場で成功することは別物であることに気づいてください。アダムセオリーはそもそもマーケットやその仕組みについての理論ではありません。アダムセオリーはマーケットで成功するためには何が必要なのかとの問いに対する答えであり、仕組みについての理論とはまったくの別物なのです。

真実はそれが偉大であればあるほど、その内容は平易であると言っても誤りではないでしょう。平易であるからこそ、これまで解明されなかったのです。一般的に、複雑で難解な解答に対しては、その内容を理解しようとするチャレンジ精神が触発され、気持ちが安らぎます。逆に、平易な内容に対しては『こんな簡単なものが、本当に重要な真実であるわけがない』と考えることから理解が阻まれてしまうのです」

「アダムセオリーは実利的な概念であり、何が機能するのかについてのみ述べています。複雑さ、難解さの点で物足りなく感じられるかもしれませんが、それはマーケットを左右する関数なのです。アダムセオリーは、理論的に機能すべきものや見栄えの良いものについて述べているのではありません。何が実際に機能するのかという一点についてのみ述べているのです。そして、アダムセオリーは平易であり、見栄えの良い複雑さは持ち合わせていません。

私たちが知りたいのは、何が機能するのかという事実であり、それ以外については興味をそそられることではありますが、けっして重要なことではないはずです」

第2章

おとぎ話

皆さんは、この時点で、すぐにでもアダムセオリーの内容を知りたいと思われるでしょう。直ちにアダムセオリーが示唆する最も確率の高い将来の相場の動きについて知りたいと願うことでしょう。もちろん、これからその核心について次の20～30ページをかけて説明し、この本を終わりとすることもできます。しかし、その場合、ほとんどの皆さんは、その内容を理解することも、その真価を認めることもできず、そして最も重要なことですが、アダムセオリーの恩恵を受けることもできないままに終わってしまうことでしょう。

ジム・スローマンは、アダムセオリーの概念についてのヒントを見いだしてから発展させるまでに、１年以上の年月を費やして集中的に研究を行っています。皆さんはこの本を読み終わった時点で、多くの内容はすでに知っていることだと感じることでしょう。それは、この本の内容があまりにも平易だからです。それは矛盾をはらんでいます。理解するまでは、本当に知っていることにはならないのです。知っているつもりで実際には知らないものを理解するためには、なぜ本当の意味で知らなかったのかという事実を理解する必要があるのです。

アダムセオリーについて最初から学ぶ必要があるのはそのためです。けっして先へと読み進んではいけません。辛抱強く、細心の注意を払って構成した本書に従い、一歩一歩進むことによって理論を正確に理解し、概念の美しさ、そしてその純粋性を味わってください。それでもなお、本書を読まれる多くの皆さんは、アダムセオリーを本当に理解することができないことでしょう。本当に理解するためには、実践、つまり、マーケットでの体験が必要なのです。

では、以上を理解いただいたうえで、ジム・スローマンによる現代のおとぎ話を読んでください。

★★★★★

「昔々、あるところにマーケットランドという素晴らしい国がありました。そこでは、毎日、マーケットと言われる楽しいゲームが行われておりました。そのゲームは、毎日、上昇と下落が繰り返されるなかで、プレーヤーたちがその結果について賭けるという簡単なゲームです。

ただし、ゲームの参加者は相場の方向についてそれぞれ自分の意見を持っているという厄介な問題がありました。

参加者は意見だけでなく、その意見を裏づけるトレードシステム、分析手法、データ、そしてその分析結果を手にしていました。ダクティル数（Dactyl numbers）、ドンティフ波（Pdonfiff waves）、シャンドン線（Xandon lines）などなど。偉大なアーボットとカルジャンが開発した分析手法もありました。さらに、在庫、収益、キャシュフローなどに関する研究、占星術チャート、スペクトラル分析などの素晴らしい道具がそろっていました。マーケットの参加者は多くの素晴らしい道具を手にしていたのです。

それでも、問題がありました。マーケットは分析結果と逆の動きをすることがあるのです。これにはみんな驚きました。人々は、なぜマーケットが道理に反する動きをするのか、長い長い論争を繰り返しました。そして、いつもマーケットの気まぐれが原因であり、分析手法やその分析結果は何ら問題はないという結論に達するのでした。

ある日の午後、参加者のひとりであるビーライト氏の身に何かが起こりました。彼は、もう以前の彼ではなくなったのです。彼はアザホフ数（Azerhof numbers）による分析手法をマスターし、マーケットランドでは、その道の達人と言われるほどの人物です。アザホフ数の分析によると、相場は上昇すべきとの明確なシグナルを発していたので、彼は大きな買いポジションを取ったのです。

不幸にも、ビーライト氏が巨大な買いポジションを作った直後に相場は下落し始めました。それでもビーライト氏は、相場は上昇しなければならないことを知っていたので、特に心配することはありませんでした。でも相場という妙な生き物は、ビーライト氏の確信に無頓着のまま、どんどん下落し続けるのでした。私たちみんなが経験したことがあるように、ビーライト氏は心配になり、落胆するようになりました。それでも、ビーライト氏はそのうち相場が反転し、本来の動きに転じれば状況はすぐに改善することを知っていました。

おとぎ話には子供が付き物ですが、この話も例外ではありません。ビーライト氏には、５歳になるヒアナウ（Herenow）というかわいい女の子がいました。ビーライト氏が、悲しい運命をじっと見つめていると、ヒアナウが部屋にやってきました。重苦しい雰囲気を感じ取ったヒアナウは尋ねました。

『どうしたの』

『なんでもないんだよ。難しすぎるだろうけど、マーケットは上昇するはずなのにちゃんと動いてくれないんだ』

『ダディー、この画面に書いてある線がマーケットなの』

『そうだよ』

ヒアナウはスクリーンに近づいて、目を凝らしてギザギザ折れ曲がった線をじっと見つめました。

『ねえダディー、マーケットのことは何も知らないけど、この線はずっと下に落ちていくように見えるわね』
『マーケットを知らないからそう思うんだね。ほら、アザロフ線はこんなにはっきりと上昇シグナルを出しているから、マーケットは上昇しなきゃいけないんだよ』
『そうなの。でも、今は下に落ちていくように見えるわよ』
『ヒアナウ、それだけじゃないんだ。メリンシャー周波数（Melinxar frequencies）は、ここでマーケットは上昇しなければならないとはっきりとシグナルを出しているんだよ』
『でも、今は下に落ちていくように見えるね』
『やはり分かってないようだね。アザロフ線とメリンシャー周波数が一致した方向を示すとき、マーケットはその方向に動かなければいけないんだよ』
ヒアナウは困ってしまいました。そして、もう一度スクリーンをじっと見つめました。
『ダディーの言っていることはさっぱり分からないし、マーケットについて何も知らないけど、やっぱりこの線はずっと下に落ちていくように見えるわね』
ビーライト氏はしばらく考え込んでから、５歳の娘をじっと見つめて言いました。
『ヒアナウ、もう一度言ってくれないか』
『うん、いいわよ。マーケットは下に下がっていくように見えるわね、って言ったのよ。何か悪いことを言ったの』

その瞬間、ビーライト氏は何かに打たれたように感じました。アザロフ線とメリンシャー周波数、そしてそのほか多くの手法を研究したこの年月が目の前でくずれていくのが見えました。彼は再び娘を見つめると電話をとり、すべての買いポジションを売り、さらに大きな大きな売りポジションを取りました。

今ではビーライト氏は別人です。これまでアザロフ線やほかの手法の研究に費やした時間を、彼はゴルフや家族とのだんらんに充てているのです。友人たちは、うっとりするようなトレードシステムや分析手法、統計値にはもう彼がいっさい興味を示さない変人になってしまったと思いました。

それでもビーライト氏はいっこうにかまいません。なぜなら、彼は莫大な利益を上げているからです」

第3章

マーケットで成功するためには……しなければならない

わずかでもトレードの経験がある人は、ビーライト氏が陥った典型的な状況を経験したことがあるはずです。これからの数章で、現代のおとぎ話で暗示された重要なポイントについて学ぶことにしましょう。

まず、本章のタイトルに対する解答です。もし100人のトレーダーに同じ質問をすれば、多くの異なる解答が返ってくるでしょう。しかし、どれひとつとして正しい解答がないことは間違いないでしょう。前章のおとぎ話は、正しい答えを劇的に示してくれました。

この質問は、第1章の第1段落で、ジム・スローマンによって投げかけられています。

「アダムセオリーは、相場で成功をもたらす基本原理は何かという質問に焦点を当てています。つまり、**『相場で成功するためには、○○が必要である』**の空欄部分に何が入るべきかという質問に答えるものです。相場で成功するトレーダーが、意識的にか、無意識のうちに従う共通の要素はあるのでしょうか」

ビーライト氏が、マーケットというゲームで成功するために行った一番重要なことは何かを考えてください。

本書を読み終えた段階で、あなたは本書に書いてある内容のほとんどはすでに知っていたと感じるでしょうと述べたことを覚えているでしょうか。次のページをめくる前に、あなたに挑戦しましょう。少なくとも、3つ答えを挙げてください。解答は一語です。

もし、「身を任せる」という言葉を選んでいたら、あなたはこのクラスの先を行っています。

負けているときのビーライト氏には、どのような問題があったのでしょうか。いくつかの過ちを犯しています。まず、彼はマーケットと戦っていました。マーケットは彼のポジションと逆に動き、彼の敵となり、彼の資金を奪っていたのです。

そして、彼はどうしたのでしょうか。彼は戦いを放棄したのです。上流に向かって泳ぐことをやめ、方向転換して、流れに乗って泳ぎ始めたのです。

ジム・スローマンは次の実話を話してくれました。

「私がこれまでに会ったプロのトレーダーのなかで最も優れているひとりを仮にロバートと呼びましょう。彼は毎週マーケットで巨額の利益を上げていました。私がシカゴで新米のトレーダーとして活動し始めた時期に、幸運にも彼のすぐ横でしばらくトレードする機会がありました。私たちは場外トレーダーといって、シカゴ商品取引所（CBOT）のすぐ隣のオフィスビルからトレードしていました。私がそこでトレードを始めて1週間ほどたったある朝、私が早めにオフィスに行くと、ロバートがひとりでそこにいました。私たちは当時S&P500を取引していたので、この機会に、その日の市場の動きについて彼に意見を尋ねました。私は、彼の言葉を聞いて唖然としました。

『どう動くのかなんて分からないよ』と、彼は答えました。

『私には答えたくないということですか』と聞き返しました。

『そうじゃないよ。本当のことを言ってるんだ。これからマーケットがどう動くかなんて分からないよ』と、ロバートは答えました。

そのとき、私は彼の言っていることが何を意味しているのか理解することができずに、ただ彼の顔をぼんやりと見つめることしかできませんでした。

『ロバート、あなたはシカゴで最も成功しているトレーダーのひとりです。それでも今日の相場がどう動くのか分からないと言うのですか』と、私はようやく彼に言うことができました。

『ほんとにそうなんだ』

『では何を基準にトレードしているのですか』

『私が言ったところで、君はとうてい信じてくれないだろう』とロバートは言いました。

『そうかもしれませんが、私を試してみてください』

『いいだろう』。ロバートは私を見て言いました。そして彼はこう言ったのです。『こういうことなんだ。もしマーケットが上昇すれば買う。そしてもっと上昇すれば、もっと買う。さらに上昇すればさらに買う。もしマーケットが下がれば売る。そしてもっと下がれば、もっと売る。さらに下がればさらに売る』

バカげたように聞こえるでしょうか。不合理でしょうか。単純すぎるでしょうか。

当時、私は頭でっかちな人間だったので、私には理解できませんでした。その朝、ロバートは、トレードに成功するための最も重要なポイントを示してくれたのでした。それは、すべての真に素晴らしいトレーダーたちが皆持ち合わせているものでした。それはこういうことです。

彼らは相場観に基づいたトレードはけっして行わない」

「マーケットで成功するには、市場に**身を任せる**ことです」

「身を任せるということは、ある意味では放棄することです。それは、マーケットに対する意見、判断、そして結論をすべて放棄することです。これは大変難しいことなのです。それは私たちが長い年月をかけて辛抱強くマーケットについて学び、有益な知識として積み上げているからです。

つまり、私たちは知っていると勘違いしている知識をあまりにも多く持ちすぎているのです。知識を放棄することは大変難しいことなのです。特に、アダムセオリーと道具箱に入っている何らかの知識を組み合わせて使おうと考えることでしょう。

しかし、それは機能しません。マーケットに対しすべてを任せて対峙するのか、そうでないのか、のどちらかなのです。マーケットは嫉妬深いのです。

マーケットは、われわれがすべてを任せて対峙することを要求しているのです。

マーケットについて何かを知っていると錯覚しているかぎり、敗北の種をまいているのです。必ずしも大金を失うということではありません。優れたシステムであれ、手法であれ、一時的に利益を生み出すことは可能です。しかし、遅かれ早かれ（早いことのほうが多いのですが）、その硬直性がわれわれを襲うのです。

なぜでしょうか。それはマーケットが常に変化しているからです。そして、すべての知識を放棄して望む者だけが、その変化に順応できるのです。何らかの知識に基づいてトレードする場合、特定のポジションを正当化するため『マーケットはこっちに動くはずだ』と考えることから、大きな損失を抱えることになるのです。

大切なのは、今現在のマーケットの方向だけです。ほかの言い方をすると、

マーケットで成功するためには５歳の女の子の目で望まなければならないのです。

もし、５歳の子供がマーケットをのぞき込むことがあるとしたら（彼らは十分に賢いのでそんなことはせずに太陽の下で遊ぶことでしょうが）、積み重ねた多くの荷物など持ってくることはないでしょう。彼らの目は本当に新鮮なのです」

「マーケットで成功するには、市場に**身を任せる**ことです」

第4章

トレードは見た目よりもずっと単純なもの

私たちの時代で最も成功したトレーダーのひとりは成功の秘訣を問われ、次のように答えています。

「トレーディングは見た目よりずっと単純なものです」。そして、付け加えて**「トレードするためには、多くの不要なものを振り払わなければならない」**と。

ビーライト氏はアザロフ線とメリンシャー周波数について長年研究を重ねました。彼はこの分野での研究に膨大な時間と経験を費やしました。さらに、アーボットとカルジャンの偉業をマスターしていました。実際、彼はこの分野での有名な専門家だったのです。彼は、自分の知識と経験が示すマーケットに釘づけにされていたのです。そしてまさにこの知識があるがゆえに、彼は真実を見ることができなかったのです。

ジム・スローマンはこのように表現しています。

「マーケットで失敗する原因となる３番目の障害は、マーケットに対する知識の不足ではなく、知識の過剰なのです。マーケットの真実の姿を見るためには、われわれが知っていると誤解しているすべてのものを忘れることが必要なのです。

別の言い方をすると、市場の動きを追うためには、自分の意見や知識に市場を当てはめるのではなく、それらを放棄する意思を持たなくてはなりません。

資金フローやファンダメンタルズ分析などをすべて放棄しなければならないのでしょうか。

そのとおりです。

放棄しないかぎり、マーケットの動きに対する自分の意見を完全に払拭することはできないのです。無意識のうちに、マーケットの方向について予想してしまうのです。

出来高、騰落、取組高、イールド・スプレッド、サイクル分析、波動理論など、すべてのテクニカル分析手法を捨てなければならないのでしょうか。

そのとおりです。

それらの分析手法がうまく機能しないと言っているのではありません。分析や予想は現実を直視することを妨げるのです。私たちがマーケットを観察するときに偏見をもたらす要因となるのです。そしてその偏見は、マーケットにおいて３番目に重要な要素、つまり無視することを排除してしまうため、非常に高くつくことになります。

予想は素晴らしいものですが、予想と現実が乖離した場合、常に現実に基づき行動しなければなりません。分析は素晴らしいものですが、分析結果と現実が乖離した場合、常に現実に基づき行動しなければなりません。知識は素晴らしいものですが、知識と現実が乖離した場合、常に現実に基づき行動しなければなりません。そしてその現実とは何でしょうか。それは、今現在のマーケットの動きなのです。

マーケットの動きを素直に映し、マーケットに従い、そしてマーケットに身をゆだねることが必要です。マーケットの動きを素直に見るために、私たちがマーケットについて知っていると誤解しているものをすべて捨てなければなりません。

この考えは単純すぎるでしょうか。複雑さに欠けているでしょうか。

価値のないことでしょうか。

私たちは、複雑なものについては安心し、単純なものについては、単純すぎるゆえに違和感を感じる傾向があることを思いだしてください。私たちの知性は『こんな単純なもの』と感じるでしょう。単純であるがゆえにその価値を見いだすことができないため、その重要性が見逃されてしまうのです。

そして、私たちは何が機能するのかについて話をしているのであって、複雑で素晴らしい何かについて話しているのではありません。しかし、不幸にもわれわれの知性にとって、理解するには単純すぎるのです。

利益を上げることが目的なら、これが真実なのです。もし娯楽のためであったり、相場を張ること自体のためであったり、純然たる興味のために市場に参加している場合は、別の話です。

もしそうであるのなら、マーケットに関する新聞や専門誌を読み、多くの意見や有力情報を収集し、長い時間をかけて分析するとともに、マーケットに関する新しい知識を集積することが必要となります。

私たちは、利益を上げるためにマーケットに参加しているのか、自分自身に素直に問いただすことが必要です。本当の目的はどこにあるのでしょうか。もし利益だとするなら、非常に単純ではあるものの、知性が受け入れないために困難なことを学ばなければなりません。それは知識を捨てて、マーケットの動きに身をゆだねることなのです」

★★★★★

「私が実際に知るなかで最も優れたトレーダーを仮にウィリアムと呼びましょう。彼は、ほかの優れたトレーダーの間でも伝説的なトレーダーで、信じがたいほどの利益を安定的に実現した人物です。

個人生活のうえではけっして賢い人だったとは言えませんが、彼のトレードはまさに優れた芸術家か、あるいは優れたアスリートの域に達していました。私にとっては謎であり、信じがたいことでしたが、彼はシステムをいっさい使いませんでした。いっさいの意見や分析に固着せず、いかなる手法でも予想を試みることはありませんでした。賢明にも、彼はそのようなことはしなかったのです。彼はどのようにして成功したのでしょうか。彼は驚くべき柔軟性をもって市場の動きに従ったのです。

あるとき、彼はS&P先物のロングポジションを40枚持ち、さらに増し玉をしているときに、マーケットがギャップを空けて30ポイント下落する事態が起きました。私たちは固まってしまい、ただその信じられない動きをスクリーンで見つめていました。しかし、ウィリアムは違っていました。

彼は、電話でスクリーンの動きが誤りでないことを確認すると同時に、50枚を売り、10枚のショートポジションに転じたのです。さらに間髪を入れずショートポジションを60枚に積み上げたのです。1分間で、彼は40枚のロングポジションから60枚のショートポジションに転じたのでした。そのショートポジションで彼は大きな利益を上げたことは言うまでもありません。

このエピソードはウィリアムがマーケットに忠実に従うために、何よりも柔軟性を維持することに専念していたことを示すものです。どのような意見であろうとも、その柔軟性を阻害することを許さなかったのです。そして、結果はおのずと明らかでした」

第5章

マーケットにおいて重要なもの——価格

この質問に対する究極の答えは「日々の儲け」です。このことはあとで述べることにします。それでは、最初の答えは何でしょうか。

それは「価格」です。価格がすべてなのです。価格は現実を表しています。価格にはすべてのトレーダーがマーケットについて知っていることが織り込まれているのです。マーケットが自らについて知っていることは価格に織り込まれているのです。価格には出来高、取組高、その他すべての情報が反映されているのです。

価格がマーケットの動きを示すものであり、私たちは価格だけを見つめるべきなのです。すべてのファンダメンタルズな要因は価格に含まれているのです。需給関係はすべて価格に含まれているのです。価格がマーケットそのものなのです。

ジム・スローマンは次のように言いました。

「ここで言いたいことというのは、重要なのは価格だけだということです。マーケットを見るときには、価格以外のものはいっさい重要ではないのです。なぜなら、ほかのすべてのものは価格にすでに反映され、織り込まれ、消化されているからです。そうです、**すべて**が、です」

★★★★★

価格こそ現実なのです。

第6章

現実と理論

ビーライト氏は、何が起こるべきかということを考えていました。ほとんどのトレーダーは、何が起こるべきかについてだけを考えているのです。すべてのファンダメンタルズ分析は、何が起こるべきかという理論に基づいています。供給が過剰であれば、市場価格は下落しなければならないのです。穀物が不作になれば、需要が供給を上回り、価格は上昇しなければなりません。エリオット波動のフォーメーションで、波動の完成までにあと一波が残されている場合、価格は上昇しなければなりません。もしRSI（相対力指数）が80を超えれば、マーケットは下落しなければならないのです。われわれは常に、何が起こるべきか、マーケットがどう動くべきかについて考えているのです。しかし、それはマーケットにとって重要なことではないのです。重要なのは、現在、相場がどのように動いているかということなのです。そして、それは現在、価格がどのように動いているのかということなのです。

ジム・スローマンは、次のように述べています。

「すでに言ったように、最も優れた秘訣や原理は、常に最も単純なものなのです。単純なことは何度も見過ごされているのです。その自明性そのものが最大の偽装となっているのです。

よく考えてみると、マーケットで唯一重要なことは、現在、どの方向に動いているのかという事実だけだということが分かるはずです。ほかのすべてのものは不適切なものなのです。もし世界中のすべてのシステムや手法がこのマーケットは下落しなければならないという指標を出していたとしても、価格が上昇しているのであれば、現時点における現実は上昇なのです。そして、それが唯一、重要なことなのです。

繰り返します。マーケットはこう動くべきだと示すものはすべて不適切なのです（不適切なのであって、必ずしも誤りだと言っているのではありません）。唯一、重要なことは、市場が実際どのように動いているのかという事実だけです。

そうです、私たちが好んで用いるマーケットの分析手法や思考方法は放棄されなければならないのです。単に、重要度を下げたり、一部だけ放棄したりするのではありません。完全に放棄しなければいけないのです。

なぜでしょうか。それは、それらの２つはけっして調和することができないからです。何らかのシステムや手法が示唆するものをほんの一部だけでも見てしまったり、単にどんなサインを出しているのかをのぞいて見るだけでも、現在のマーケットの動きに集中しているとは言えなくなるのです。

ヒアナウがだれよりも有利だったのは、邪魔になる市場の知識をいっさい持ち合わせていなかったからなのです。彼女は視界を曇らす偏見やフィルターを通すことなく、マーケットを直接見ることができたのです」

第7章

裁量の排除

辞書によれば、裁量とは「気まぐれな思いつきや移り気によって決まるもの」と定義されています。最も純粋で単純なトレード手法は裁量を排除することです。裁量的なものにはどのような例があるでしょうか。最も裁量的なトレードシステムを考えてみましょう。

１日に300ドル以上の損はしないということにしましょう。なぜ300ドルなのでしょうか。なぜ200ドルでなく、400ドルでもないのでしょうか。これは最も裁量的なものと言えます。この決まりは、市場がどのような状態にあるのかいっさい関知しないのです。あるマーケットでは300ドルのストップロスは過大であり、ほかのマーケットでは過小な水準なのです。

私たちのシステムでは、利食いのターゲットを1000ドルに設定し、利益が1000ドルを超えた場合はすべて利食うことにしましょう。なぜ1000ドルなのでしょうか。それはマーケットの動きと関連性があるのでしょうか。

より裁量性の少ないアプローチとしては、ストップを１日の平均レンジに応じて変化させる方法があります。マーケットのボラティリティが上昇して日中のレンジが拡大した場合、状況に応じ、ストップの水準を変えるのです。この場合でも、１日の平均レンジを何日の平均として算出すべきかという問題が生じます。結局、ほとんどすべてのものは何らかの裁量的なものに基づいているのです。

トレードのルールを市場の動き自体に任せることにしましょう。どのように取引を行うのでしょうか。過去の高値を超えたポイントで買うことにしましょう。しかし、どの高値を基準とするのでしょうか。直近の高値でしょうか、最も重要な高値でしょうか。何をもって重要と定義するのでしょうか。

この例は、新たな局面に突入し、新たなレンジへ突入しようとしていることを市場自らに語らせていることから、極力裁量が排除されている方法と言えます。

ロングの場合、300ドルのストップを設定する代わりに、直近の安値のすぐ下にストップを置くこともできます。裁量が排除されていますが、どの安値を基準にすべきかとの問題は残ります。

1000ドルに設定した利食いのターゲットについてはどうでしょうか。市場に任せることによって極力裁量性を排除することができます。ひとつの方法は、ストップに引っかかるまで、利食いのポイントを取引の方向に移動し続けることです。

最も単純で純粋な方法でトレードしたい場合、なんであれ、より裁量性の少ない方法を選ぶべきであることは明らかです。何をすべきかについて、マーケットに示唆してもらうことが必要なのです。

避けなければならないのは、自分が設定した変数をマーケットに強要すること、そして何をすべきかについて市場が語るのを妨げることです。マーケットの動き自体にゆだねることです。私たちがマーケットとともに動くことができれば、利益を得ることができるのです。それがマーケットで唯一、重要なことなのです。

第8章

トレードシステム

アダムセオリーは完成されたトレードシステムです。アダムセオリーを利用することによって、何をトレードすべきか、買いか売りか、いつポジションを取るのか、そしていつポジションを手仕舞うべきかについて常に知ることができるのです。さらに、アダムセオリーはマーケット自身がこれらについて語っていることをベースにしており、私たちがマーケットについて語ることを前提とすることはありません。例えば、アダムセオリーはマーケットの天井と底を予想することはできません。逆にアダムセオリーは天井と底では常に誤ることでしょう。天井や底への執着を捨ててみると、天井や底の位置を特定する作業とは、考えられるなかでも最も裁量的なものであることが分かります。

アダムセオリーはマーケットについての理論ではなく、現実の動きに基づいているのです。アダムセオリーはわれわれの設定する制約に縛られることがないことから裁量的なものではありません。アダムセオリーは極めて簡単であり、５歳の子供でも使いこなすことができるのです。

アダムセオリーはシステムであることから、アダムセオリーが何であるかを学ぶ前に、システムについて述べる必要があります。アダムセオリーを理解し活用するためには、ほかのすべてのシステムとの違いについて知る必要があります。まず、ほかのシステムについて考えてみましょう。

完璧なシステムをデザインするうえで、システムに何を求めるべきなのかについて考えてみましょう。

シンプル？　そうです。根本的なものほどシンプルなものになります。例えば、核エネルギーの大きさは質量に光の速度の二乗を乗じたものに等しいという簡単な数式で表すことができます。複雑になればなるほど、本質から外れているのです。

マーケットへの追随？　そうです。マーケットがどのように動くべきかではなく、実際のマーケットの動きに合わせるものです。

順応性？　そのとおりです。柔軟でどのようなマーケットの動きにも即座に順応できるものでなければなりません。

時間枠の汎用性？　そうです。30分足でも週足でも同様にうまく機能しなければなりません。

遅行性の排除？　そうです。マーケットの変化に応じて、即座に反応することが必要です。

計測の正確性？　私たちからの妨害を受けることなく、マーケットが自ら計測することが必要です。

裁量の排除？　裁量的なものを排除することが最も重要なことです。

マーケットをそのまま反映すること？　まだ気づいてもらえるとは思ってもいませんでした。そうです。流れに従わなければなりません。マーケットの動きに完全に身を任せなければならないのです。

★★★★★

それでは、完璧なシステムの定義の観点から、市場で一般的に利用されているシステム、分析ツール、そして指標を考えてみましょう（実際には、完璧なシステムなど存在しないのです。ここでは、完璧なトレードシステムの要素を確認することによって、より優れたものに近づこうとしているのです）。

移動平均線はどうでしょうか。移動平均線はマーケットを追随するもので、何が起こるべきかを告げるものではありません。しかし、だれかがどの期間を使用すべきかを設定する必要があることから、裁量的なものなのです。そして、移動平均線はマーケットから遅行する欠点があります。

オシレーターはどうでしょうか。例えば、最もポピュラーなオシレーターとして、私が以前に開発したRSIがあります。それはマーケットの転換点を探ろうとするもので、「こうなるべきである」の範疇に入ります。そしてそれは、それを算出する期間をだれかが特定する必要があることから裁量的であると言えます。

サイクル分析はどうでしょうか。サイクル分析は、マーケットの天井と底を特定しようとするもので、「こうなるべきである」に該当します。サイクル分析にはかなり複雑なものがありますが、裁量的な日数を設定せずに実際のマーケットの動きをベースとするサイクル分析は、最も裁量性の少ない手法と言えます。

エリオット波動はどうでしょうか。何が起こるべきかを予想するための複雑な手法です。誤解のないように言っておきますが、これらの手法はトレードにおいて、すべて有効に機能し得るものなのです。けっしてこれらの手法は頼りにならないと言おうとしているのではありません。実際に機能しているのです。ここでは私たちがすでに熟知していることを使って、これらのコンセプトについてさらに学ぼうとしているだけなのです。

線形回帰分析はどうでしょうか。裁量性は比較的少ないものの、「こうなるべきである」を志向しています。さらに、マーケットに遅行する欠点があります。

コントラリーオピニオンはどうでしょうか。マーケットの反転を予想することから、「こうあるべきだ」の範疇に入る傾向にあります。さらに、マーケットに遅行する欠点があります。

トレンドラインはどうでしょうか。予想される目標値として利用される傾向にあり、また、ラインを引くための点の選定と時間枠の選定において裁量的な面が残ります。しかし、トレンドラインはマーケット自身がどこに線が引かれるかを決めることから、最も裁量性の少ない手法と言えます。

★★★★★

さらに続けることもできますが、概念を明確にする目的としては、十分にカバーしたものと思います。私たちは、これまでのどのシステムとも異なるシステムを目指しています。マーケットがどうなるべきかではなく、現実の市場の動きだけを注視しなければなりません。マーケットの動きを正確にかつ迅速に反映しなければなりません。マーケットについて、マーケット自身がわれわれに語りかけることだけを受け取らなければなりません。私たちの裁量的な変数を含んではいけません。純粋で簡単でなければならないのです。

目指すべきものが分かったところで、ジム・スローマンがアダムセオリーを開発したプロセスを一歩一歩たどることにしましょう。本章を終える前に、システムについてのスローマンのコメントを紹介します。

★★★★★

「最もシンプルであり、最も明白なものがトレードで最も効果的だという事実に私は感動しました。ここで信奉している原理は怖いほど単純です。私たちが心のなかで望んでいるシステムは、すべてを決定してくれるシステムで、ここで買い、そこで売るといったすべてのことを自動的に指示してくれるものであり、マーケットを見る必要もなく、その本質を理解することも不要なものです。

しかし、本当のことを言ってもよいでしょうか（少なくとも、私が理解できる範囲ではありますが——世界は無限であり、私の小さな脳は極めて有限なのです）。すべてのシステムは、遅かれ早かれ機能しないようになります。理由は、必ずしもそのシステムが粗悪なものだというのではなく、システムの本質自体に内在しているのです。

その理由は、マーケット自体が生命を正確に反映しているからです。常に同じでありながら、常に変化しているのです。もっと厳密に言うと、内部は常に不変でありながら、表面では常に変化しているのです。

アダムセオリーは常に変わらないマーケットの本質を扱います。しかしこの本質は、マーケットと調和する個人の意識のなかでのみ真に理解することができるのです。そして、基本的な原則は常に不変であっても、この『同調』の仕方は常に変化しているのです。

マーケットと『同調』するということは、マーケットにすべてを任せて従うことで、けっしてマーケットを分析することではありません。５歳の子供が、マーケットをそのままに感じとるようなものです。究極的に、私たちの持つ知識が邪魔になるのはそのためです。

自動的に売買の指示を出してくれるシステムをコンピューター上にデザインするのはけっして難しいことではありません。実際、そのようなシステムが増えています。もし一定の水準に達していれば、しばらくはうまく機能することでしょう。しかし、あるとき機能しなくなるのです。それも大きな損失を伴う場合が多いようです。そのような事態が起こっても、理由は説明できないのです。そして、『これまであんなにうまく機能していたじゃないか』と言うだけなのです。

事実、先物市場を専門に扱う雑誌が、この現象について取り上げています。最近まで、コンピューターシステムが運用するファンドが好成績を収めていましたが、今ではほとんどのファンドが大きな損失を抱えています。なぜでしょうか。

システムデザイナーたちは、何らかの改良すべき点を見過ごしたせいだと考え、微調整によって問題は解決できると考えることでしょう。問題は解決するのでしょうか。私はそうは思いません。少なくとも根本的な解決にはなりません。

勘違いしないでください。コンピューターを認めないと言っているのではありません。逆に私はコンピューターに熱を入れているひとりです。実際、この原稿もパソコンに打ち込んでおり、ほかの手段を用いることなど想像もできません。

コンピューターであろうが何であろうが、自動システムが扱えるのは、マーケットの表面上の事象のみであり、そしてそれは常に変化しているのです。システムは常に遅れているのです。システムは直近の過去に基づいてトレードするための完璧な準備はできていますが、予測不可能な将来の変化へ対応するにはふさわしくないのです。

私たちの時代の偉大なトレーダーたちが、自動システムに依存してないのは単なる偶然ではないのです（ひとつの判断材料としてシステムが利用されることはあります）。

『私はダウンサイドリスクのコントロールを心がけている。唯一、一貫性があり、うまくいくのは、実際にマーケットに参加しながら決断する方法だ』。昨年、800万ドルを稼いだあるトレーダーは言っています。

彼は、またこのように言っています。『私が買いポジションを持っている限月が、チャート上ではまだ大丈夫に見えて、多くの指標やシステムがロングポジションを支持している場合であっても、相場が下落していれば問題を抱えていることがすぐ分かる』

『システムそのものは時には利益をもたらすことがある。しかし、私が経験したくもない恐ろしい状況でもシステムはじっとしてそのままだ』と、ほかのトレーダーは言っています。

『一時期、システムが指示するトレードをすべて実行し、可能なかぎりポジションを持ち続けたことがあった。その結果、2日もしないうちに窓から飛び降りなければならない状況になった』と言うトレーダーもいます。

20世紀において最も優れたトレーダーであろう人物は、このように言っています。『マーケットの変化に対応して自らの判断を下すことを必要とする方向に時代は変化している。単に数字をかき回したり、解釈している人たちは破産してしまうだろう』

つまり、マーケットで成功するためには、知識や分析力以上に、常に変化するマーケットに身を任せて一緒に流れに乗ろうとする意識が重要だということです。どっちに向かっているのか、現実そのままを見ることです」

第9章

マーケットにおいて重要なもの——トレンド

マーケットにおいて重要なことは、究極的には日々の利益です。

マーケットにおいて重要なもので、最も基本的なものは価格です。

ほかにマーケットで重要なものはトレンドです。

価格について重要なものはトレンドです。

トレンドとは何かについて考えてみましょう。どんな種類のトレンドであれ、どのように定義することができるのでしょうか。高校生のときに、全員が白いバックスキンの靴を履いていたことがありました。みんなチョークの粉を入れた袋を持ち歩き、靴を白くしたものです。だれもがその白い靴を履いていなければならなかったのです。それがトレンドだったのです。いったい何が起こっていたのでしょうか。

「合意」というのはどうでしょうか？　あまり的確ではないですね。

「行動の類似性」はどうでしょうか？　まあ、そのようなものかもしれません。

「同一性」はどうでしょうか？　もっと具体的に言ってください。

「行動の連続性」はどうですか？　もっと続けてください。

「集団行動」ではどうでしょうか？　もう一度試してください。

「重複行動」はどうですか？　近づいているようですね。

最も基本的なトレンドの定義とは、どのようなものでしょうか。マーケットにおける価格のトレンドではどうでしょうか。基本に戻って最も単純な要素に分解した場合、「価格のトレンド」はどのように定義されるのでしょうか。

私たちは、平易なものについて話していることを思い出してください。ヒアナウはどう答えるのでしょうか。この本を読み終えたとき、書かれている内容はすでに知っているものだと感じることでしょう。では、あなたに質問を出します。次の章に進む前に「トレンドとは何か」との問いに対して、答えを３つ考えてください。

第10章

トレンドとは何か

何か繰り返されているもの。

トレンドの意味とは、このように簡単なものではないでしょうか。これ以上に基本的な定義があるでしょうか。

いいえ。

基点に立ったところで、次の論理的な質問に移りましょう。

反復の最も基本的な形はどのようなものでしょうか。

２次元の平面上の２点を考えてください。

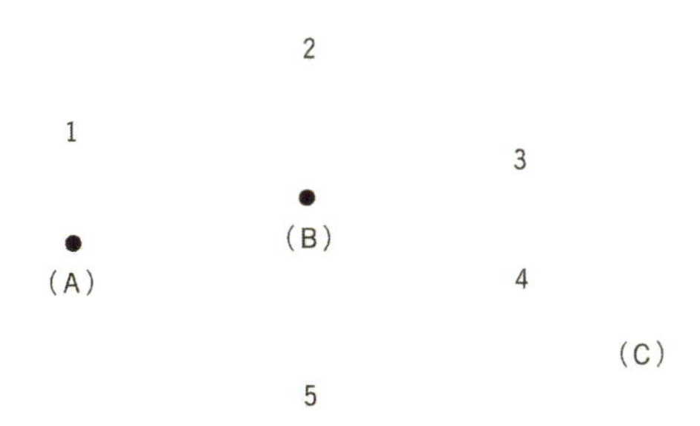

点（A）と（B）があります。情報は２つです。その情報とほかのすべての情報を用いた場合、点（C）はどこになるのでしょうか。最も論理的な点（C）の位置はどこでしょうか。

この質問の答えは、「反復の最も基本的な形は何か」という問いに対する解答です。

次の章に進む前に、最も論理的であると思われる点（C）の位置に印をつけてください。

第11章

反復の基本形態

正確な反復。

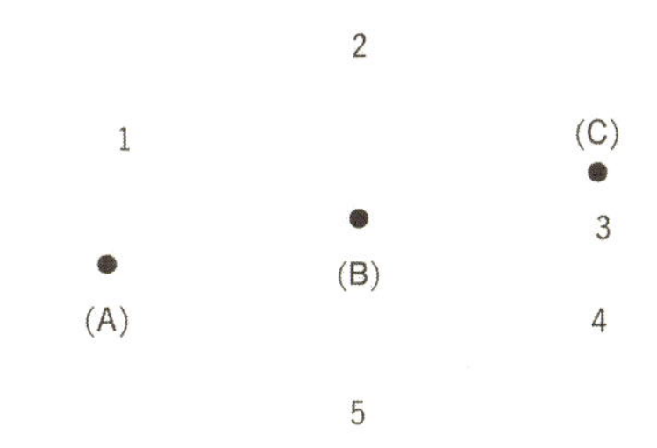

点（C）は、3の位置でなければなりません。その点のみが正確な反復を満たす点です。そしてその点だけが、すべての情報を含んでいる点です。

別の例を見てみましょう。飛行機から潜水艦を追跡している状況を想像してください。与えられた情報は、潜水艦が点（A）と点（B）で目撃されたということだけでほかに情報はありません。予想される潜水艦の位置はどの点でしょうか。正解は点（C）です。

点（C）はほかのどの点よりも、2次元の平面上で形成されつつあるトレンドを反映しています。それは、点（A）と（B）から導かれる予想です。

それでは、次に論理的な疑問です。正確な反復は何をもたらすのでしょうか。

点（B）に焦点を当て、ほかの２点と点（B）の関係について調べてみましょう。点（A）と（C）について、どのようなことが言えるのでしょうか。正確な反復は何をもたらすのでしょうか。

次の章に進む前に、よく考えてください。

第12章
正確な反復は何をもたらすのか

対称な関係です。

正確な反復は対称をもたらします。

また、同じ点を使って考えてみましょう。点(B)を現在とし、点(B)の左側を過去、右側を未来とします。

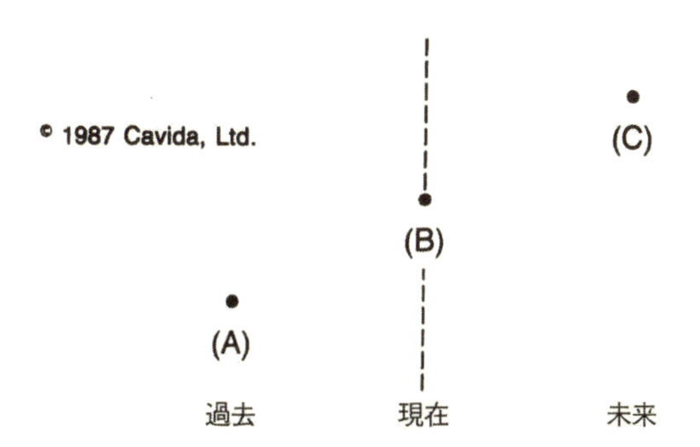

点(B)の位置は分かっており、点(A)が分かれば、最も可能性の高い点(C)の位置が分かります。では次の問題を考えてみましょう。点(C)の位置として2番目に可能性の高い位置はどこでしょうか。

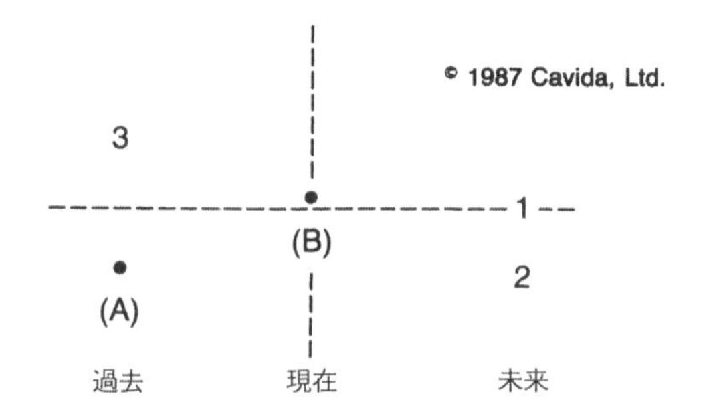

正解は２です。点（C）の位置として２番目に可能性の高い位置は、点（A）の**シングルリフレクション**（一次反射）である点（C）です。

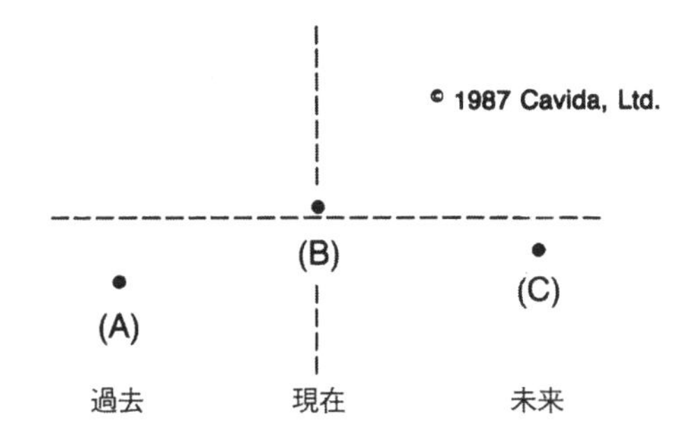

では、次は難問です。

ディーペストシンメトリー（最高次の対称）とは何でしょうか。ディーペストシンメトリーとは、(C) の位置として最も可能性の高い点です。デーペストシンメトリーは**セカンドリフレクション**（二次反射）でもあります。

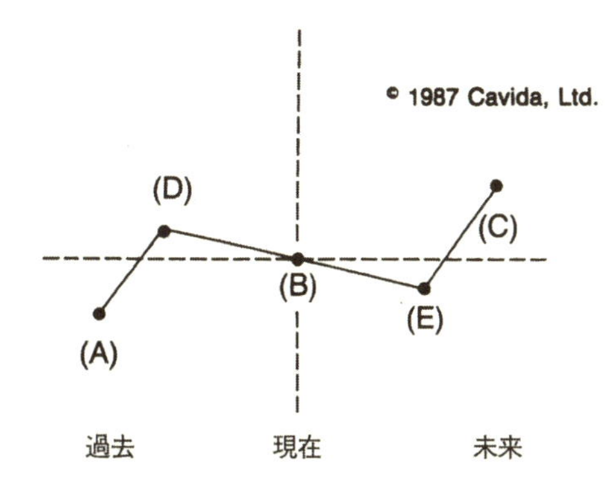

図に点（D）を加えると、最も可能性の高い点（E）の位置は上図のとおり、セカンドリフレクションとなります。

次に進む前に、シングルリフレクション（一次反射）とダブル（またはセカンド）リフレクション（二次反射）を定義しなければなりません。まず、平面を４つの象限に分けましょう。第一象限と第二象限は過去であり、第三象限と第四象限は未来を表します。第一象限から第三象限へ推移する場合をシングルリフレクションと呼びます。また、第二象限から第四象限へ推移する場合も、縦軸のみをクロスしているので、シングルリフレクションとなります。

しかし、第一象限から第四象限に推移する場合はダブルリフレクションとなります。第二象限から第三象限へ移動する場合も同様に縦軸と横軸をクロスすることからダブル（またはセカンド）リフレクションとなります。

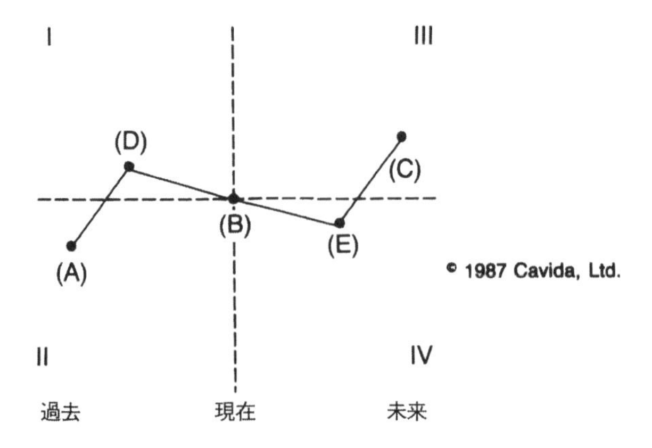

ディーペストシンメトリー（最高次の対称性）とは、過去が投影する最も可能性の高い未来の姿です。換言すると、セカンドリフレクションとは、過去に基づいた未来の予想なのです。

では次の質問に進みましょう。

グレーテストシンメトリー（最強の対称性）を導くものは何でしょうか。解答は2つあります。次の章へ進む前に考えてください。

第13章
グレーテストシンメトリーを導くもの

①**現時点との距離**――ある点が現時点に近ければ近いほど、対称の度合いは大きい。つまり、過去のある時点が現時点に近いほど、その時点に対応する未来の予測は正確になる。
②**速度**――この概念を理解するには、今述べている２次元の平面について定義しなければならない。横軸を時間、縦軸を価格とする。速度とは、価格の変化を時間で割ったものである。価格が時間よりも速く上昇すると速度も上昇する。時間の経過が価格の上昇より大きい場合、速度は減少する。

価格を示す点の集合として、線を考えてみましょう。この線の傾きが大きければ大きいほどマーケットの動きが大きく、よって速度が速いと言えます。マーケットの速度はトレンドと言われているものです。よって、トレンドの傾きが大きいほど、対称の度合いが大きいことになります。別の言い方をすると、トレンドの傾きが大きいほど、セカンドリフレクション（２次反射）による予想の正確性が増すことになります。

以上によって何が導かれるのでしょうか。ただ、次の点です。

セカンドリフレクションとは、マーケット自らが行う最も可能性の

高い未来の予測であり、常にアップデートされる。

マーケットが現時点に近いほど、そしてマーケットの動きが速いほど、マーケットによる未来の予想は正確になる。

ここで立ち止まって、この２点についてその内容を熟考する価値はあります。これらの点はかなり単純であると同時に論理的であり、すでに知っていることだと感じることでしょう。しかし、ジム・スローマンはこれらの文章に含まれている内容を発見するために多くの時間を費やしました。

それでは、マーケットを通してこれらの概念を詳細に見ていくことにしましょう。マーケットの対象が株式であれ、商品であれ、通貨であれ、まったく変わることはありません。アダムセオリーは一般理論であり、すべてのマーケットに対して適用することができます。

第14章

セカンドリフレクションの予測

セカンドリフレクション（二次反射）とは、マーケット自らが行う最も可能性の高い将来の予測であり、常にアップデートされると述べましたが、マーケットを使ってセカンドリフレクションを予想してみましょう。

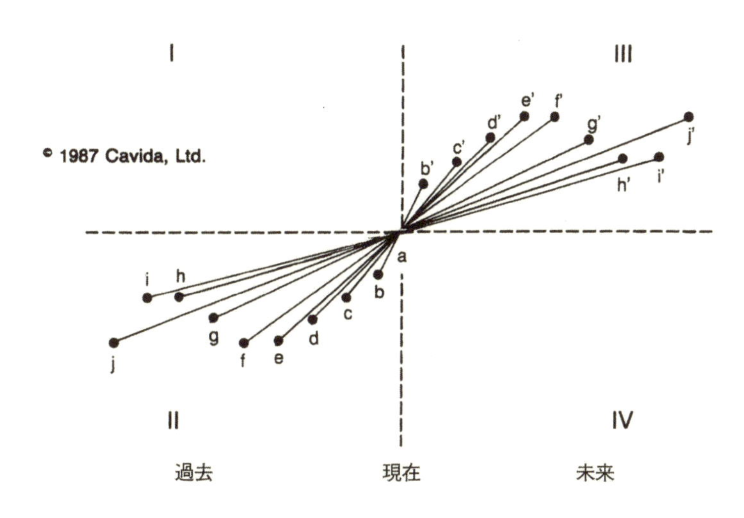

点ａから点ｊをマーケットの終値とします。過去のすべての点は、対応する未来の点を持っています。過去の終値ｂに対応する未来の終値をb'とします。最も直近の終値は点ａで現在に位置します。

未来の終値は、対応する過去の終値から予想されたものです。これは直近の終値と過去の終値を示す２点間の距離と傾きを求め、直近の終値を中心としそのまま将来に投影することによって求められます。例えば点ｊの予想値を求める場合、点ｊから現在の終値である点ａに直線を引き、線分ｊ－ａの延長線上で、点ａから線分ｊ－ａの距離と等距離にある点がj'となります。

新たな終値が追加されると、現在を示す点は新しい終値に移動し、過去のすべての点は再度未来に投影されなければなりません。

（待ってください。あきらめて投げ出さないでください。これから作図の簡単な方法を教えましょう。５歳の子供にもできるほどの簡単な方法があるのです。その前に、今何をしようとしているのかを本当に理解するために、もうひとつの図を説明します）

下の図では、過去２日間の高値、安値、終値を用いてそれぞれの未来の予測をします。

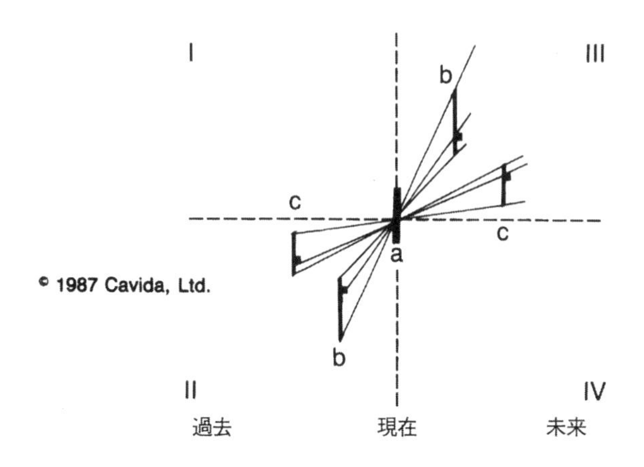

ａによって示されているバーチャートは、水平軸の中央で、現在に位置しています。バーチャートｂを予想すると、過去のバーチャートｂの高値は未来のバーチャートｂの安値となります。過去のバーチャートｂの安値は未来のバーチャートｂの高値となります。さらに、過去の終値と未来の終値は、それぞれのレンジのなかで上下反対側に位置することになります。

これは単に２日間の予想にすぎません。毎日、20〜30もの銘柄について50日間の予想を行うとしたら、どれほどの手間がかかるか想像できるでしょうか。幸いにも、簡単にできる方法があります。次の章を読む前に、どのような方法があるのか考えてみてください。

第15章

セカンドリフレクション・チャートの簡単な作図方法

セカンドリフレクション（二次反射）とは、マーケット自らが行う最も可能性の高い未来の予測であり、常にアップデートされるものだと述べました。

ショックを受ける準備をしてください。

ほんの数秒で、マーケット自らが行う最も可能性の高い未来の予測であるセカンドリフレクションを得る方法があります。

①バーチャート上に透明なプラスチックシートを置く。

②プラスチックシート上に書き込めるペンを使用し、直近の日から順に、過去のバーチャートを好きな日数分トレースする。

③本のページをめくるようにプラスチックシートの右端を中心に裏返す。

④プラスチックシートの下の端を持ち、自分の手がシートの上端になるように手前から上に向かって裏返す。

⑤プラスチックシート上の最初のバー（左端）とバーチャート上の最後のバーを重ねる。

これでダブルリフレクション・チャートの完成です。

バーチャートの最初のバーからすべてを一度プラスチックシートにトレースしてしまえば、あとは、毎日新しいバーだけをトレースすればよいのです。そしてプラスチックシートを裏返して、チャート上の直近のバーと重ねれば、最も可能性の高い未来についてマーケット自らが行った予測を手にすることができます。

この作業をあなたの５歳のお子さんにしてもらうのもよいでしょう。

この過程は次の４ページに具体的に示されています。ページをめくってください。

（**編集部注**　元のチャートを68ページに、直近からある日数分だけトレースしたものを69ページに、そのトレースしたものだけを裏返したものを70ページに、元のチャートにトレースしたものを裏返して付け加えたものを71ページに、それぞれ置きました。読者の方はそれぞれプラスチックシートか、トレーシングペーパーのようなもので、68ページのものを作って、代用してください）

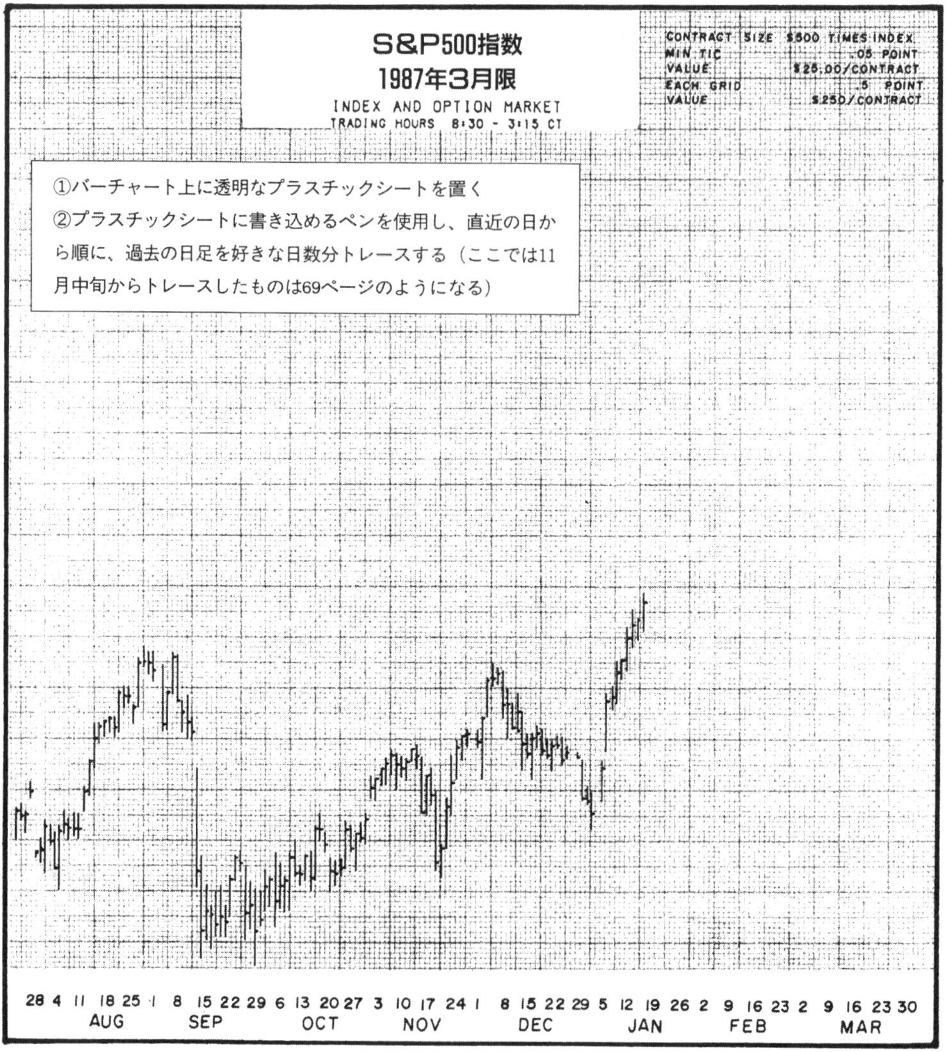

S&P500指数
1987年3月限
INDEX AND OPTION MARKET
TRADING HOURS 8:30 - 3:15 CT

CONTRACT SIZE $500 TIMES INDEX
MIN TIC .05 POINT
VALUE $25.00/CONTRACT
EACH GRID .5 POINT
VALUE $250/CONTRACT

①バーチャート上に透明なプラスチックシートを置く
②プラスチックシートに書き込めるペンを使用し、直近の日から順に、過去の日足を好きな日数分トレースする（ここでは11月中旬からトレースしたものは69ページのようになる）

310 305 300 295 290 285 280 275 270 265 260 255 250 245 240 235 230

28 4 11 18 25 1 8 15 22 29 6 13 20 27 3 10 17 24 1 8 15 22 29 5 12 19 26 2 9 16 23 2 9 16 23 30
AUG SEP OCT NOV DEC JAN FEB MAR

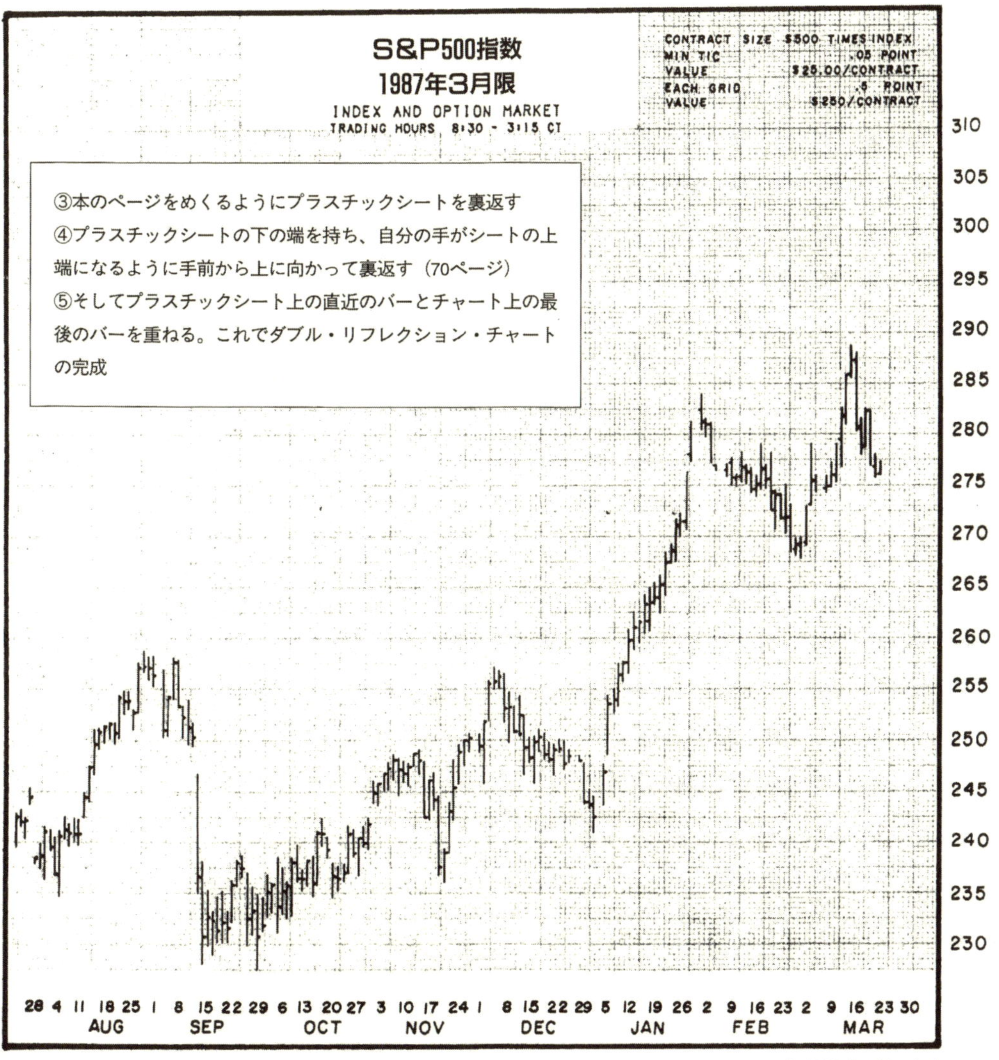
S&P500指数
1987年3月限
INDEX AND OPTION MARKET
TRADING HOURS 8:30 - 3:15 CT
CONTRACT SIZE $500 TIMES INDEX
MIN TIC .05 POINT
VALUE $25.00/CONTRACT
EACH GRID .5 POINT
VALUE $250/CONTRACT
③本のページをめくるようにプラスチックシートを裏返す
④プラスチックシートの下の端を持ち、自分の手がシートの上端になるように手前から上に向かって裏返す（70ページ）
⑤そしてプラスチックシート上の直近のバーとチャート上の最後のバーを重ねる。これでダブル・リフレクション・チャートの完成
310
305
300
295
290
285
280
275
270
265
260
255
250
245
240
235
230
28 4 11 18 25 1 8 15 22 29 6 13 20 27 3 10 17 24 1 8 15 22 29 5 12 19 26 2 9 16 23 2 9 16 23 30
AUG SEP OCT NOV DEC JAN FEB MAR

第16章

予想は何を含んでいるのか

予想は現時点でマーケットが持つすべての情報を含んでいます。この予想はマーケットそれ自体から得られているものです。この予想はこれ以上改良することができないものです。マーケットが純粋かつ簡単に教えてくれているのです。この分析には裁量的なものはいっさい含まれていません。われわれの助けを借りずに、市場が何をなすべきかを語っているのです。

ダブルリフレクション・チャートを用いてどのようにトレードすべきでしょうか。

ダブルリフレクション・チャートが示す予想を見て、自問するのです。トレードすべきかどうか？

予想が未来のマーケットの動きを示すものと考えるなら、今日トレードすべきかどうかを問うのです。答えはイエスかノーか、ないしは分からないかのいずれかです。答えがイエスの場合のみトレードするのです。

その答えは、ダブルリフレクション・チャートだけに基づくものでなければなりません。それだけです。では、自問してみましょう。日付は1987年１月14日です。通常のバーチャートはマーケットが上昇していることを示しています。マーケットはチャート上に示された過去の高値をすべて更新し、最も裁量性のない動きを示しています。それは、多くのことを語ってくれます。

ダブルリフレクション・チャートを描くと、最も高い可能性としてマーケットが20ポイント上昇し、押しの局面に入る前に280の水準を超えることを示唆していることが分かります。さらに、280への動きは速い動きとなるであろうことを示しています。

今日、トレードすべきでしょうか？　答えは、もちろんイエスです。

私たちはこのような状態を待つべきなのです。第一のポイントは、市場は過去の高値を更新するほど強気であり、いつでも新しいレベルに向かって動ける状態であること。第二のポイントは、ダブルリフレクション・チャートがマーケットの速い動きを予想していることです。

下降トレンドのマーケットで、ショートポジションを取る場合、マーケットは過去の安値を更新するほど弱気でなければなりません。そして、ダブルリフレクション・チャートが動きの速い下降を示唆しなければなりません。

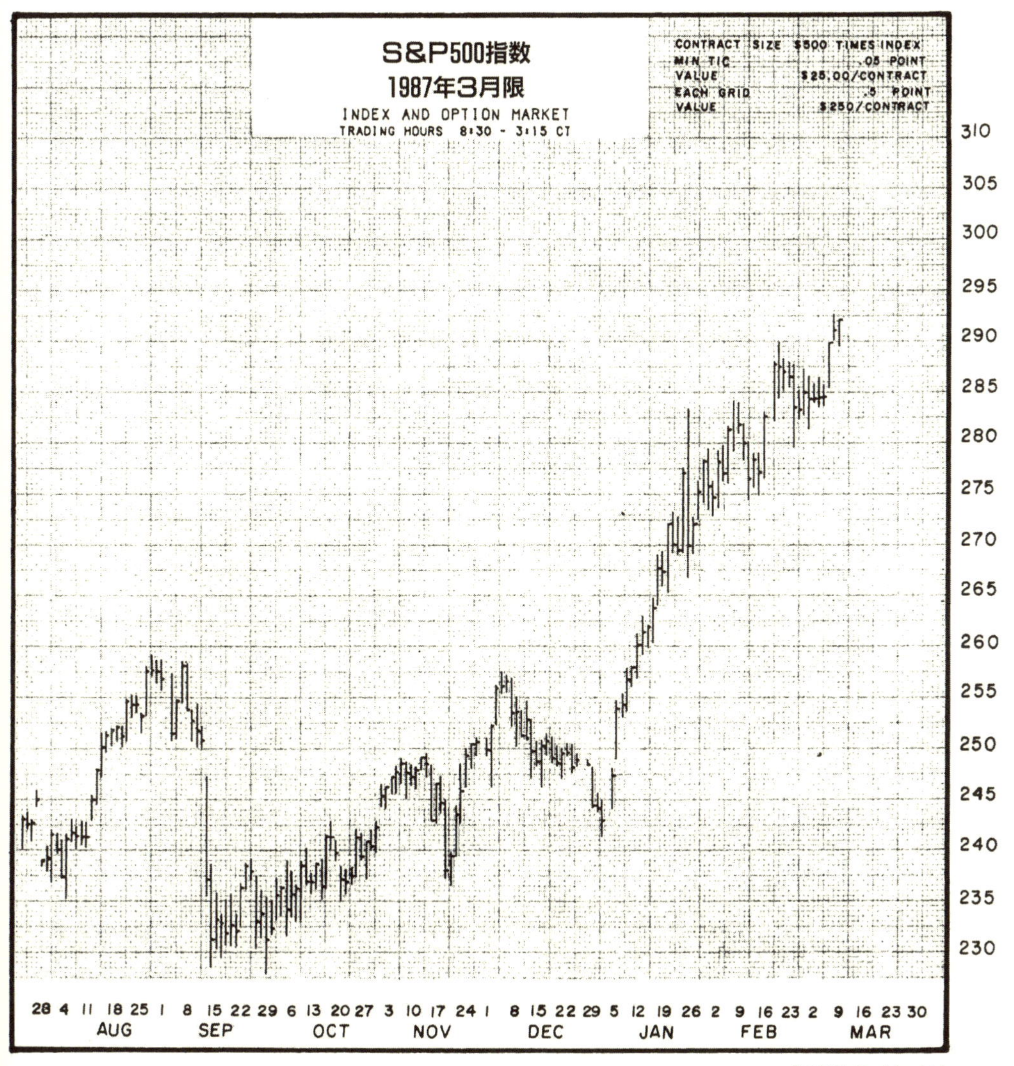
S&P500指数
1987年3月限
INDEX AND OPTION MARKET
TRADING HOURS 8:30 - 3:15 CT
CONTRACT SIZE $500 TIMES INDEX
MIN TIC .05 POINT
VALUE $25.00/CONTRACT
EACH GRID .5 POINT
VALUE $250/CONTRACT
310
305
300
295
290
285
280
275
270
265
260
255
250
245
240
235
230
28 4 11 18 25 1 8 15 22 29 6 13 20 27 3 10 17 24 1 8 15 22 29 5 12 19 26 2 9 16 23 2 9 16 23 30
AUG SEP OCT NOV DEC JAN FEB MAR

第17章

どのマーケットでトレードすべきか

アダムセオリーを理解いただいたところで、少し寄り道をして、何をすべきか、何をすべきではないのかといったアダムセオリーを用いたトレードの注意点について触れることにします。その後で、ストップロスの設定方法などを含むアダムセオリーの適用例に戻ることにします。その前に、基本的なことですが、どの市場でトレードすべきで、どの市場でトレードすべきではないのかについての判断方法を述べることにします。

まず、市場の選択理由はただひとつです。それは、利益の可能性です。本書が追い求める唯一のこととは「利益」です。**マーケットの選択作業は、利益を上げるために必要な条件の50%を占める**ものであり、選択したマーケットでいかにトレードするかが残りの50%なのです。今、ここで寄り道をして、マーケットの選択方法を学ぶことが重要なのはそのためです。

もし利益の可能性ということをマーケット選択における唯一の基準とするなら、マーケットに対する個人的な感情をすべて捨て去ることが必要です。利益を最大化するためには、好みのマーケットを持ってはならないのです。マーケットとは数字であって、紙に描かれた小さなラインにすぎません。ラインに与えられた名前は重要ではないのです。例えば、株を取引する場合、チャート上のラインがIBMであろうが、クライスラーであろうが、エイボンであろうが、いっさい関係ないのです。重要なのはトレンドなのです。先物を取引する場合、ラインの名前が財務省証券であろうが、大豆であろうが、ポークベリーであろうが、いっさい関係ないのです。重要なのはトレンドなのです。

立ち止まって考えてみてください。マーケットで利益を上げることができる唯一の方法はトレンドに沿って取引することなのです。何かを買った場合、利益を上げるためにはその価格が上昇しなければなりません。よって、「買い」は「上昇」を伴わなければなりません。何かを売った場合、利益を上げるためにはその価格が下落しなければなりません。よって、「売り」は「下落」を伴わなければなりません。これは、５歳の子供にも明白なことではないでしょうか。でも、これは優れたトレーダーだけが実行していることであり、ほとんどのトレーダーは実行できないのです。

「安値で買い、高値で売れ」という古い格言があります。多くのトレーダーがこのとおり実行し、多くのトレーダーは負けてしまいます。アダムセオリーの主張は違っています。アダムセオリーはこのように言うのです。「高く買って、より高く売れ」

ジム・スローマンはこの点について実例を用いて強調しています。

「多くのトレーダーは、価格が十分下落すると『割安』ないしは『売られ過ぎ』となるために買い場を探すべきだと考え、逆に、価格が十分上昇すると『割高』ないしは『買われ過ぎ』となるために売り場を探すべきだと考えています。

そのような考えは、永遠に葬られるべきです。

優秀なトレーダーで、私が長い期間観察する機会を得たウィリアムについてはすでに述べています（ちなみに、彼は通常１カ月に30万ドル、良い月には50万ドル以上の利益を上げていた）。

私がトレードを開始して３週目に、ウィリアムから忘れることのできないレッスンを受けることができました。ある日の午後、S&Pは意味もない上下運動を繰り返していましたが、急にベッドから転げ落ち、５分間に50ポイント下げる展開となりました。そのとき、ウィリアムは30枚のショートポジションを作っていました。

次の５分で、S&Pはさらに50ポイント下げ、ウィリアムは60枚のショートを持っていました。マーケットは真空地帯に入り込み、さらに100ポイント下落し、ようやく多少の戻しが入るようになり、そこでウィリアムはポジションを閉じたのでした。

その段階で、マーケットは私にとって、かなり割安に思われたので買いの理由を探してウィリアムに相談してみたのです。ウィリアムは真剣に怒り、私を見つめてこう叫んだのでした。

『気でもおかしくなったのか』

『なんのことですか』。私はまったく理解できませんでした。

『本当に正気でそんなことを言っているのか。わずか数分で200ポイント下げたというのに、ここで買おうというのか』

『じゃ、どうするつもりなんですか』

『ここで買おうとは思わないよ』。ウィリアムは炭酸飲料を一口飲んだあと、こう言いました。

『じゃ、ここで売るのですか』

『もちろん、売りだ』

『でも、もうここまで下げてるじゃないですか』

『そうだよ、そこがポイントなんだ』と、彼は言いました。

そのとき、マーケットは底を割り、さらに下降し始めました。ウィリアムはわずかな時間で再び60枚の売りポジションを作りました。マーケットでは買いポジションの投げが入り、さらに150ポイント下げ、ようやく戻しが入ったとき、ウィリアムはショートポジションを利食いしたのでした。ウィリアムはわずか30分の間におよそ５万ドルを稼いだのです。

『バカな質問をさせてください。どこまで下げれば買う気になるのですか』

『ジム、マーケットが下げているのに、なぜ買う必要があるんだ』

ウィリアムは信じられないといった顔つきで私を見ながら言いました。

『でも、こんなに割安になったじゃないですか。30分前に比べて350ポイントも安いじゃないですか。絶好の買い場かもしれないじゃないですか』

『安いとか高いとかいう概念は捨てるんだ。それはスクリーンに映されている単なる数字だよ』

『どこまで下げたら買ってもいいと思うのですか』と、私は執拗に聞きました。私には知る必要があったのです。

『ジム、価格が下げ続けるなら、私は、ゼロになるまで売り続けるよ』と、ウィリアムはとどめを刺すまなざしで私を見つめながら言いました。

『ゼロになるまで売り続ける……』。私はその言葉をけっして忘れません。

『上昇局面で価格が上昇し続けるなら、永遠に買い続けるのですか』

『そうだよ。上昇し続けるのなら、月に達するまで買い続けるよ』」

★★★★★

トレンドに沿って取引することがマーケットで利益を上げる唯一の方法であるなら、トレンドこそが利益の基本なのです。よって、トレンドに関して学べるものはすべて学ぶことが必要です。まず、基本的な質問から始めましょう。

「なぜマーケットは上昇すると分かるのでしょうか」

あるとき、私は30人にこの質問を投げかけました。いろんな答えが返ってきました。例えば、次のような解答がありました。

「それは高値が切り上がっているからでしょうか」――そうですね、でももっと簡単なことでしょう。

「過去の高値を更新したからでしょうか」――そうですね、もっと基本的なことでしょう。

「トレンドラインの傾きが上向きだからでしょうか」――もっと、簡単なことと言ったはずです。

これらの解答はすべて正解でしょう。でもマーケットが上昇していないのなら、下落しているか横に推移しているかのどちらかです。異なる10の銘柄の10のバーチャートが映画のスクリーン上に一瞬だけ映し出され、そのマーケットが上昇するのか、下降するのか、横ばいに推移するのかを即座に判断して紙に書くとしましょう。

おそらく、ほとんど同じ解答になるのではないでしょうか。上昇と横ばい、ないしは下落と横ばいの選択では迷うこともあるでしょうが、上昇と下落について迷うことはないはずです。

なぜマーケットが上昇すると判断できるのでしょうか。次に進む前に、上で述べたことを念頭によく考えてみてください。ヒアナウはどのように答えるでしょうか。

それでは、なぜマーケットが上昇すると判断できるのでしょうか。簡単です。

それは、上昇しているからです。

映画のスクリーン上に一瞬映されたチャートを見て判断しなければならない場合、ほかにどのような理由があるというのでしょうか。下落していない、横ばいではない、だから上昇していると分かるのです。

アダムセオリーの観点で次の格言を考えてみましょう。

「駅を発車する前にその汽車に乗れ」

つまり、マーケットが上昇する前に買えということです。なぜそう考えるのでしょうか。マーケットが上昇することがどうして分かるのでしょうか。下落する可能性と同じ確率ではないでしょうか。そして、横ばいに推移する可能性と同じではないでしょうか。**重要なのは、日々の利益だ**ということを思い出してください。

それではなぜマーケットが上昇する前に買いたがるのでしょうか。ほとんどのトレーダーはその過ちを犯して負けるのです。

スローマンはマーケットの選択を浮浪者の無賃乗車に例えています。

「トレーダーは浮浪者のようなものです。カンザスシティーにいる浮浪者が西海岸に向かう汽車に乗りたがっている状況を想像してください。彼はニューヨークやフロリダ行きの東に向かう汽車に乗り、いつか反対方向に行くことを願うでしょうか。もちろんそんなことはしません。彼は西に向かう汽車に乗るでしょう。

その浮浪者にとって、汽車が西に向かうことを知る最良の方法は何でしょうか。それは、汽車がすでに西に向かって進んでいることを確認することです。

彼は駅から西に向かって動き始めた汽車を待って飛び乗るでしょう。

実際のところ、トレードで成功するということは、グルーチョの有名なせりふの『グラントの墓にはだれが埋葬されているのか』と同じ趣があります。考えてみれば、基本的な原理は話にならないほど明白であり、途方もなくシンプルなのです。そのために、見過ごされ、ほとんど注目されることはないのです。世界中駆け回って、目の前にあるものを探しているのです。

あるテレビのトークショーで、素晴らしい成功を収めた伝説のトレーダーがその成功の秘訣をひと言で言ったら何かと尋ねられたとき、彼はこう言ったのです。『トレードは見た目よりずっと単純なものです』。そして、『トレードするためには、多くの不要なものを振り払わなければならない』と彼は付け加えています。

繰り返します。汽車が西に向かうという証拠を得る最良の方法は、すでに西に向かっていることを確認することです。それが唯一の重要な証拠なのです。汽車の方向について、多種多様な理論を用いて検討することができますが、重要なのはどっちに向かって進んでいるのかという事実なのです。

すでに動き始めた方向に向かって走っている汽車に飛び乗るだけです。

彼は単に流れに乗るだけです。明白なことに身を任せているのです。川の流れに逆らわずに流れに身を任せているのです。

単純すぎるでしょうか。もっと、単純になります。

『マーケットが動き始めるという最良の証拠は、すでに動いているということです』

『マーケットが上昇するという最良の証拠は、すでに上昇しているということです』

『マーケットが下落するという最良の証拠は、すでに下落しているということです』」

★★★★★

次に進む前に、アダムセオリーの観点でもうひとつの格言を考えてみましょう。これも、聞いたことがあるはずです。

「マーケットを追いかけるな」

つまり、マーケットがすでに上昇した段階ではその流れに乗ってはならないということです。次の機会を待つか、ほかのマーケットを買うべきだということです。この格言は、マーケットの上昇を最初からつかめないのであれば、けっして後追いするなということです。

もう一度質問します。マーケットが上昇することをどうやって知ることができるのでしょうか。マーケットは上昇するはずだと考えているとします。われわれがどう考えているかということはまったく重要ではないのです。実際、どう動いているのかが重要なのです。しかし、ほとんどのトレーダーはマーケットを追うことをしません。彼らは、動きが始まる前にポジションを作っておくべきだったと考えるのです。マーケットの動きを最初からつかんでいたら、いくら儲かっていたのかを計算しているのです。彼らは、今マーケットに参加すべきでない理由をいくつも持っているのです。どのような理由があるのでしょうか。

①押しを待って、安く買う

これも憶測を前提としています。買うには都合のいいように、もうすぐ押しが入ることがどうして分かるのでしょうか。もし、押しがあったとしても、なぜ押しで買うのでしょうか。下落しているマーケットでなぜ買いたがるのでしょうか。

②天井を形成している

また憶測です。なぜ向きを変えて下落しなければならないのでしょうか。今は上昇しているのです。なぜ、上昇しているこのときに買わないのでしょうか。天井や底は、トレーダーたちの強敵なのです。この件については後ほど触れることにします。

アダムセオリーは「市場を追いかけろ」と言っています。トレードでは、買うのに高すぎることはなく、売るのに安すぎることなどないのです。

第18章
マーケット選択の復習

①すべてのマーケットはチャート上のラインであり、ラインの名前は問題ではない。嗜好的な選好があってはならない。
②トレンドに従って動くことによってのみ利益を上げることができる。よって、トレンドの出現を待ってトレードすべきである。すでに動き始めた局面で素早くマーケットに参加する。
③「安い」とか「高い」という概念は捨てなければならない。買うのに高すぎたり、売るのに安すぎるマーケットなどない。

ここまで本書を読んで明らかになった多くのことは、ほかのトレーダーにとっては自明のことではないのです。それは、経験の豊かなトレーダーにとっても同じことです。

ジム・スローマンは次のように回想しています。

「ニュートンが指摘した最も興味深い原理とは、物体は慣性を持つということだ。つまり、物体は新たな力が作用して妨げるまで、すでに行っている行動を継続しようとする傾向にあります。

物体が静止状態にあるときは静止したまま、そこにとどまる傾向にあり、動き出した場合、同じ方向に向かって同じ速度で動き続ける傾向にある。

アインシュタインはこの現象を『慣性』と呼んでいます。つまり、物体は最も怠惰な行動をとり、最も怠惰な行動とは、既往の運動を継続することなのです。変化は惰性から生じるものではなく、ニュートンが『力』と称した時空のひずみが強要しないかぎり、方向であれ、速度であれ、何も変化することはないのです。

マーケットにもまったく同じことが言えるのです。今の動きを継続する傾向があるのです。ある速度で上昇しているのであれば、何らかの力（買い圧力による加速、売り圧力による減速）が作用しないかぎり、同じ速度で上昇する傾向があるのです。下落しているときも同様であり、静止しているときも同様です。

よって、**最も可能性の高い将来のマーケットの動きを知りたいのなら、今の動きを注視しなければなりません。**

今、マーケットが横ばいに推移している場合、何らかの変化が生じるまでは動かないのです。今、トレードする必要はないのです。

この一見明白なことから重要な真実が導かれます。

『すでに動いているマーケットのみでトレードせよ』。横ばいのマーケットが続いているのに、なぜそのなかでトレードする必要があるのでしょうか。今、マーケットはどこにも行こうとはしてないのです。明らかにどちらかに動き始めるまで、マーケットに参加する必要などないのです。

『最も動いているマーケットのみでトレードせよ』。さらに、必然の結果として導かれる真実です。

1982年の秋にわれわれのグループは、S&P500先物に限定してトレードしていました。私たちは独立した個人トレーダーでしたが、楽しみを分け合うとともに、クリアリングハウスに対する影響力を増すために同じオフィス内でトレードしていたのです。その選択は賢明でした。

株式市場は８月に過去数年来の底から爆発的に脱し、市場は活発に動いていました。S&Pが１時間に200ポイント以上も乱高下する機会が毎週少なくとも２～３回発生する状況が続いていました。そのマーケットでは容易に儲けることができました。

しかし、年を越すと動きが鈍り始めました。春の間、市場はほとんど動きませんでした。日中も動きが出るとすぐにしぼんでしまう状況でした。それでも私たちは習慣からS&Pをトレードしていたのです（最も優れたトレーダーだけは例外でした）。儲けることは困難となり、廃業した者もいました。

その春の間、複数の銘柄は大きな動きを続けていたのです。動いていた銘柄にシフトさえしていたら、どれほど賢明だったことでしょう。簡単なことだったはずです。信じがたいことですが、ほとんどのトレーダーはそうしなかったのです。

振動している弦とマーケットには共通点があるようです。楽器の弦がはじかれると、再び静止するまで、弦はしばらく振動します。マーケットも同様です。動き始めると、弦が振動するように、静止するまでしばらく動き続けます。そのように動いているマーケットでトレードするのです」

第19章

天井と底

テクニカルトレーダーにとって、天井と底は強敵と言えます。なぜでしょうか。それはすべてのトレーダーが天井と底において正しい判断をしたいと考えているからです。天井や底をつかもうとする意思が、ほかのすべての要因を合わせたよりもさらに多くのトレーダーをつぶす原因となっているのです。天井や底をつかもうとすることは、これまで学んだアダムセオリーに反することなのです。それは裁量的であり、「～でなければならない」という範疇に属し、マーケットに身をゆだねることの正反対の行動なのです。天井や底をつかもうとすることは、「私は市場やほかのトレーダーより多くのことを知っている、私はほかの何者よりも賢い」と言っているに等しいのです。単なるうぬぼれにすぎないのです。エゴイストは勝つこともあるでしょうが、一度崩れると、どん底まで急落してしまうのです。マーケットに対し謙虚な人だけが１年間のトレードの結果として利益を得ることができるのです。

単刀直入に言います。天井と底は忘れることです。トレンドがけっして終わらないという感覚でトレードするのです。驚きましたか？
別の言い方をするなら、天井や底が形成されたことをマーケット自らに証明させるのです。アダムセオリーは天井や底では常に誤った動きを示唆しますが、実際に天井や底が形成された場合、速やかにポジションを手仕舞う指示を出してくれるのです。

たまに天井や底をつかんでしまい、それにとらわれるトレーダーを知っています。文字どおり依存症に犯されるのです。あたかも彼らの生命がそれに依存しているように、天井や底をつかむ試みをやめることができないのです。「天井や底を忘れてトレードできるだろうか」と自分自身に正直に問いただしてみてください。もし、答えが「ノー」なら、お願いがあります。この本を閉じて、直ちにトレードから身を引いてください。あなたが大富豪でないかぎり、その癖を改めることはできないでしょう。

優れたトレーダーは、方向と期間をうまく利用しているのです、けっして折り返し点でトレードしているのではありません。

アダムセオリーは天井と底では常に誤った動きとなりますが、その中間では正しいことを忘れないでください。

ジム・スローマンはこの点についてはけっして譲りません。

「天井と底について話しましょう（ロングポジションについて述べられていることは、ショートポジションについても逆の方法で適用することができます)。次のチャートを見てください。

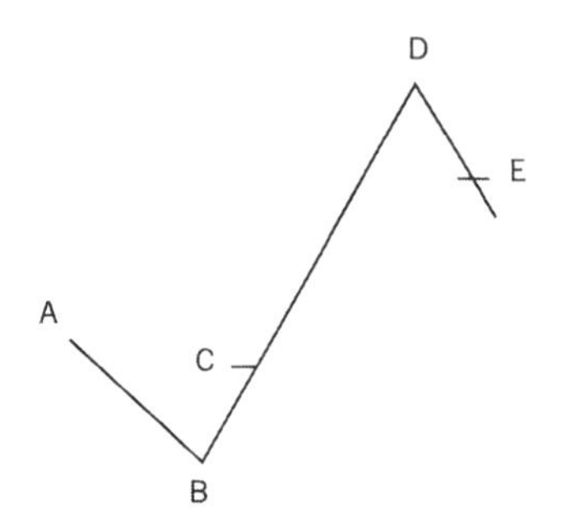

事実上、すべての儲けは点Cと点Eの間で発生します。なぜでしょ

うか。

第一に、Aで買うことはありません。マーケットがまだ下落しているのになぜ買う必要があるのでしょうか。

浮浪者と汽車の話を頭に描いてみてください。西に向かう汽車に乗りたいのです。東に向かう汽車に乗った場合、彼は汽車が減速し、停車し、方向を変え、西に向かって加速する過程をすべて待たなければなりません。まったくバカげています。なぜ、最初から西に向かう汽車に飛び乗らないのでしょうか。

正気の浮浪者なら、けっして東向きに進む汽車には乗らないでしょう。しかし、トレードにおいては多くのトレーダーが点Aでロングポジションを作り、まったく同様の過ちを犯すのです。私自身も、以前に何度もやって負けています。点Aで買った理由は、『マーケットが弱い局面で買わなければならない』というまったくのでたらめなことを聞いていたからです。また、アナリストやほかのトレーダーが転換点が近いと言っているのを聞いたからです。そして、あるときはマーケットが十分下げたとか、下げすぎたと感じたからです。

点Bの底がそう遠くないということが間違いなく確認できるのならそれほど悪くないのかもしれませんが（とは言え、まったくバカげたことであることに変わりありません)、実際、点Bはまだ遠い場合が多いのです。マーケットが下落しているときに買ってしまい、転換してくれるように何度祈ったことでしょうか。

点Bでロングポジションを作るのも、マーケットが点Cに達するまでは点Bが底であることを確認できないことから、けっして良い判断ではありません。点Bは底かもしれませんが、マーケットはさらに長期間下げ続けるかもしれません。そのような動きを何度も経験したことがあります。

点Bが底であったとしても、それは良くないトレードです。点Bが底であることは、マーケットが点Cに上昇して初めて証明されることだからです。点Bでロングポジションを作るということはマーケットを予想することであり、賢い行動ではありません。

（時にはマーケットを正確に予想することができますが、それでも賢い行動ではないのです。マーケットに従うことのほうがはるかに有効なのです。さらに、マーケットを予想しようと考えるだけで誤った心理状態に陥ってしまうのです）

現実に従うということは、マーケットの上昇時に買い、下落時に売るということです。

よって、マーケットの転換が完了し、目指す方向に向けて蒸気の圧力が十分に蓄えられている点Cで買うことが適切な行動なのです（汽車は西に向かって動き、私たちはその汽車に飛び乗るのです。なぜなら、マーケットが動くことを確実に知ることができる唯一の方法は、すでに上昇し始めたことを確認することなのです）。

天井や底をとらえようとしてはいけません。マーケット自身に任せるのです。このことを明確に心に残すために、次の格言を思い出してください。

天井と底を摘むものは、綿花を摘む者となる。

ウィリアムは、『天井と底を拾おうなんてとんでもない。私はそんな優れた能力を持ってない。そんなこと、できるわけがない』と言っています。

これは、私が知るかぎり最も優れたトレーダーのひとりが言っていることなのです。

貨幣価値が今より10倍もあった時代に3000万ドルの利益を上げたベルナルド・バルーチはこう言っています。

『天井と底を拾えるのはウソつき以外、だれもいないと信じる。私は天井と底の間の50％をつかめるように努めている。それ以上望むことはない』

別の言い方をすればこうなります。

『リバーサル（転換）を探すな』

常にマーケットは動いている方向に動くのです。トレンドとともに動くのです。リバーサルを探すなど、けっして考えてはいけません。

トレンドはあなたのフレンドです。

素晴らしい実績を誇るトレーダーが、コンピューターによる詳細なマーケット分析を行いました。彼はこう言っています。

『過去に大きな成功をもたらしたトレード手法をはじめ、数多くのモデルをコンピューターで分析した。トレードについて私が考察してきたことをすべてコンピューター上で検証したかったのだ。

利益を上げるために有効であると言われている事柄のほとんどが機能しないことが判明した。何が本当に機能するのか？　かみ砕いて言えば、〈トレンドはフレンドだ〉ということだ』」

★★★★★

「これまで述べてきたことのすべてが示唆しているのは、唯一重要なものは価格だということです。マーケットにおいてほかのものはいっさい意味を持たないのです。なぜなら、ほかのすべてのものは価格に反映され、要約され、そして織り込まれているからです。すべてが、です。

浮浪者が西に向かう汽車に乗りたい場合、確かめなければならないことは、汽車がどの方向に向かっているのか、そしてそのために十分な速度を出しているのかということだけです。汽車の組み立て方法、乗客数、動力源などは、いっさい知る必要がないのです。すべて的外れです。確認しなければならないのはその行き先だけです。

コンピューターによる分析を行ったトレーダーは、マーケットにおける虚と実をこのように表現しています。

『真実は価格にあり』

　初めから終わりまで、トレンドとともに動くこと以外に利益を上げる方法はないのです。

第20章

マーケットに関する最も重要な格言

分かりきった格言があります。私の意見では、これはトレードについて述べられたもののなかで、最も重要なものです。

損失は早く、利食いはじっくり（損小利大）。

この言葉がすべてを語っています。レバレッジがきいており、そしてポジションを維持できる時間が限定されている先物市場でのトレードでは、利益を出すためにはこれ以外に道はありません。デイトレードをする場合でも、損切りの場合に比べ、利食いポジションは相対的に長く持たなければなりません。

レバレッジがかからずポジションの保有に時間的な制約のない株式市場でのトレードでは、それほど重要ではありませんが、利益を最大化するためにはその格言に従わなければなりません。

買いと売りの欄にたくさんの銘柄名が書かれたダーツ盤を見たことがあるでしょうか。矢を投げてその矢が刺さったところに、「米国債の売り」や「小麦の買い」などが書いてあるのです。もしトレーダーがダーツ盤に従ってトレードを選択し、最初のストップでポジションをドテンし、そして上の格言に従うとしたら、彼は１年後に利益を残すことができるだろうと思います。いつか、トレードをランダムに選択するモデルを構築して、コンピューターでそのモデルの有効性を検証してみるつもりです。いずれにしても、いかなるマーケットにおいても利益を得るためには、この格言がいかに重要であるのかを理解していただけるのではないでしょうか。

この格言が意図する本来の意味を理解したうえで、アダムセオリーを用いた実際のトレード手法について説明することにします。

ポジションを１日以上保有するトレーダーで成功している人たちがほとんど全員合意することがあります。それはこのようなことです。もしときおり発生する大きな動きがなかったら、１年後に利益を出せるのはデイトレーダーだけだろう。別の言い方をするなら、もし大きな波に乗れなかったら、小さな損失をカバーするために十分な利益を上げることができないだろう。なぜなら、負けトレードの数は勝ちトレードの数と同じほどか、ないしはそれ以上となるからです。それゆえに、勝つための唯一の方法は、利益を損失よりも大きくすることなのです。

まず、損失から話しましょう。損失についての正しい見解を持つことは重要なことです。トレードはビジネスです。パートタイムのビジネスかもしれませんが、ほかのすべてのビジネス同様、収益と費用を持っています。収益は勝ちトレードから得られる利益です。

費用は手数料、チャート、データ料などです。トレードというビジネスは非常に儲かるものです。同時に、非常に危険なビジネスであると考えられており、保険料は相対的に高くなっています。トレードの小さな損失は、大きな損失に対する保険の保険料なのです。

大きな損失を出さない唯一の方法は、小さな損失を出すことなのです。小さな損失は、ビジネスを続けるための費用なのです。小さな損失を気にしてはいけないのです。それは費用として認識すべきなのです。保険料を払う気がないのなら、危険なビジネスに手をつけてはいけないのです。

トレードにおいて、許されない唯一の罪は、**小さな損失を大きな損**

失にしてしまうことです。

アダムセオリーはストップロスを置く位置を示してくれます。ストップロスのポイントは、「どの時点でトレードの継続を望まなくなるのか」との問いに基づくことから、トレーダーによって異なります。

ここで問題としているのはストップロスの位置ではありません。問題は、常にストップを置くべきかということです。もし、ストップを置かない場合、一度だけでも置かないことがある場合、すべてを失うリスクを負うことになります。マーフィーの法則はトレードにおいて最もその有効性を発揮します。トレードに関してマーフィーは次のように述べています。「何かが悪い方向に向かうとすると、それは、最もダメージが大きいそのときに起こるだろう」

ジム・スローマンはこのように述べています。

★★★★★

「われわれ人間は、規律に対し、初めは厳格に取り組み、次第に緩くなる傾向にあります。これはトレードにおいては致命的なことなのです。マーケットにおいて1000回勝ち１回負けたとしても、その１回で資産の半分を失ったり、あるいはすべてを失うことがあるのです。

したがって、素早く損切りをすることに熱心に取り組むだけでは十分ではないのです。必要なのは、明けても暮れても、ひとつひとつのトレードに対して素早く損切りを置かなければならないことを理解することなのです。そして、どのような理由であれ、けっして例外はないことを理解することです。

負けている取引を抱えると、まず何らかの都合の良い言い訳を考え、そしてその言い訳はすぐにもっともなことになり、極めて論理的なことになるのです。例外などけっしてないと思い出さなければならないのはそのときです。損切りは常に素早くするべきであり、けっして損失を放置してはいけないのです。損失を放置すべきだと確信できる場合においても、例外ではありません。

成功しているトレーダーたちは、例外なく、負けポジションを膨らませてナンピンをするようなことはしません。なぜ負けているポジションに増し玉をしたがるのでしょうか。そのような手法でマーケットに沿った動きが取れることはないのです。

増し玉をしてもよいのは、勝っているポジションのみです。そうすることによって、マーケットに追従し、身を任せることができるのです。

マーケットに対して、何らかの希望を抱くようになったら、すぐにポジションを手仕舞うべきです。

心理とは奇異なものです。負けポジションを持っても、実際に電話を取りポジションを手仕舞うまでは、心のなかでは本当に損失が発生しているとは感じてないのです。言うまでもないことですが、損失はすでに発生しているのです。

誤りを認め、誤った場合はポジションを切ることを容認する意思がなければ、マーケットにおいて成功することは事実上不可能です。

彼の時代において最も成功したトレーダーのひとりは、次のように言っています。『多くの過ちを犯すかもしれないが、損切りというひとつの正しいことを行えば、このビジネスでは多くの利益を得ることができるだろう』

優秀なトレーダーである親しい友人は、私にこのように言ったことがあります。『シカゴでプロのトレーダーとして過ごした最初の２年間はただひとつのことを学ぶために費やした。それはすべての負けポジションを素早く損切るということだ。100回のうち、100回とも』

私たちの時代で、おそらく最も優れたトレーダーである人物はこのように述べています。『トレードにおける成功の秘密は、勝ちポジションではなく、負けポジションの扱い方にある』

かなりの成功を収めた別のトレーダーはこのように言っています。

『最も重要なことは、トレードのための資産を守ることだ。……儲けるためには、多くの小さな損失を覚悟しなければならない』

われわれをつぶすのは、大きな損であり、小さな損ではないのです。そうであれば、マーケットが著しく逆に動いているときに、そこにいる必要はないのです。マーケットが再び同じ方向に向かったときに、いつでも戻ればよいのです。

信じられないほどの基本的なことだと思われるでしょうが、迅速な損切りを行うというルールを何回も何回も破るトレーダーを何人見てきたことか、きっと驚かれることでしょう。

結論はこうです。利益について心配することはありません。問題は損失です。

損失をうまく管理できれば、利益はおのずから管理されるのです」

★★★★★

「私の経験のなかで、ストップロスを用いないで成功している（ピット以外の）トレーダーはただひとりであり、彼は取引所のフロアトレーダーたちに近い速射型のトレードを行っていました。恒常的に成功している彼以外のトレーダーは、みんなストップロスを用いていました。これにはあるもっともな理由があると信じています。

マーケットでポジションを持ったことのある人間なら、ポジションを持った途端に合理性と客観性が損なわれ、より感情的で主観的な状態に陥るということを知っています。ポジションを持った途端に私たちは市場に関与してしまうのです。自分が正しいという証拠を探し始めるのです。ポジションに縛られ、恐怖と貪欲さが増してくるのです。

まだポジションを持たないときが最も冷静であり、自分が誤っていた場合、どこで損切りを入れるべきかを決めるには最も適したときなのです。

そしてストップロスの役割は、戦いの真っ最中でストップが必要となった場合、その決定を強制的に実行させることなのです。

ストップロスを置かないとポジションが反対に動いた場合、『静観』のスタンスをとる誘惑にかられることになります。そうなると、もはやマーケットの動向を反映した行動をとることは困難になります。現実に何が起こっているのかということよりも、自分の意見のほうが重要になるのです。そして、大惨事が襲ってくるのです。

ストップロスなしでは、私たちは荒れ狂う海に、かじやいかりのない小船で浮かんでいるようなものです。自分自身の感情や理由づけの犠牲者になるのはたやすいことです。

ストップロスを利用する２番目の切実な理由は、ストップロスがわれわれ自身よりもかなり早く行動できるということです。15秒でフロアに注文を出して執行させることができるとしても、マーケットが急速に反対に動いている場合、この15秒は何時間にも感じられるものです。そして、それはさらに取引の執行や注文の引き受けにおける遅延やトラブルはいっさい生じないものと仮定してのことです。

突然マーケットが爆発的にブレイクしたときに、うまく配置されたストップロス注文によって何度救われたことか分かりません。何回もあります。

うまく配置されたストップロスは千金の価値を持っています。けっしてストップなしでトレードしてはいけません。たしかに、フロアトレーダーたちはストップの位置を熟知し、撃ち落そうと狙っています。しかし、それは問題ではありません。ストップの恩恵は、その欠点を補ってなお余りあるのです。

いざマーケットが大きく動き始めようとしているとき（私たちはそのようなときにマーケットに参加していたいのです）、フロアトレーダーたちにとってストップ狩りもかなり困難な状況になるということが言えます。マーケットは加速度を増し、それどころではないのです。

『ストップに引っかかりたくない』という理由で、ストップを置かないトレーダーを見たことがあります。でも、市場が逆に動いた場合に小さな損失ではずしてくれるということが、まさにストップの目的なのです。市場がポジションと同じ方向を向き始めたら、いつでも参加し直すことができます。

トレーダーにとって最悪のミスは、小さな損失を大きくしてしまうことです。ストップを利用しない場合、ほとんどの場合そうなってしまうのです。いったんストップを置いたら、けっして取り消してはいけません。そして、ポジションにとって有利な方向以外には、けっして動かしてはいけません。そうでなければ、そもそもストップを置く意味がないのです。

ストップを置く位置は、ストップが実行された場合に生じる損失の大きさが重大な影響を及ぼさない位置でなければなりません。大きな損失を生むストップロスは、その意義を失っています。

私たちの時代において最も優れたトレーダーのひとりは、こう言っています。『すべての損失はトレードに影響を及ぼさない大きさに抑えられなければいけない』」

第21章

利益の最大化

トレードにおいて最も裁量的なことのひとつに、早すぎる利食い、あるいは目標値での利食いがあります。これらの行動を指向することによって、「～しなければならない」という状況に追い込まれるのです。マーケットはここまでしか上昇しないはずだ、天井に近づいているはずだなどと断定しているのです。

問題は「いつ利食うべきか」ということです。最も裁量性を排した方法は、マーケットに教えてもらうことです。利食い終わって一休みしている間にマーケットが動き続けているといったことが何度あったことでしょうか。市場を反映し、市場に従おうとするのなら、利食いのタイミングはおのずから明白になります。マーケットが逆に行き、ストップによって手仕舞いさせられるまでストップの水準を除々に引き上げていくのです。

ストップを用いて、利益と同じ程度の損失になる大きなリスクをとらないことによって、おそらくは勝ちトレードより負けトレードのほうが多くなります。最終的に利益を確保するためには、勝ちトレードの平均利益が負けトレードの平均損失よりも大きくなければならないのです。それには、大きな勝ちトレードがなければなりません。大きな利益を上げるには、長期トレンドの最終局面までトレンドに乗っていくしか方法はありません。

ジム・スローマンはこのようにまとめています。

「どこで手仕舞うのか？　奇異に聞こえるかもしれませんが、答えは、『どこで手仕舞うべきか、なんて決めるな。それはマーケットが決めてくれる』ということです。

最も大きなミスは、損切りをしないということです。そのミスを犯しているかぎり、マーケットで生き残ることはできません。

二番目に大きなミスは、トレンドと行動をともにしないことです。

三番目に大きなミスは、利益を膨らませないことです」

第22章

ストップに引っかかったら

大きな押しもなく途中でポジションを手仕舞いさせられることもないほどの急激なトレンドに遭遇し、トレンドの天井に到達したあとの反転で初めてポジションを手仕舞いさせられることもあります。しかし、いかに素晴らしいトレンドであっても、途中でポジションを切らざるを得ないほどの深い押しによって妨害されることのほうが多いようです。どうすればよいのでしょうか。

ここにアダムセオリーの素晴らしさがあります。本当に簡単なことなのです。日々のダブルリフレクション・チャートを更新していけば、再びポジションを取るべきか、再び取るのであればいつ取るべきかを市場が教えてくれます。もしダブルリフレクション・チャートがトレンドの継続を示唆する場合、再びポジションを取ればよいのです。

けっして早くポジションを手仕舞うこと、そして早く再度仕掛けることを恐れてはいけません。

増し玉はどうするか？

増し玉は、新規ポジションと同じように考えるべきです。増し玉すべきかどうか、どうして判断できるのでしょうか。ダブルリフレクション・チャートを見て、マーケットが自らについて語っていることをもとに、増し玉すべきかどうか、自問すればよいのです。

増し玉したいのは、大きな動きが発生したときです。では、どれが大きな動きとなるのか、どのように判断できるのでしょうか。それはマーケットの上昇によって、上昇していると知ることと同じです。大きく動いていることから、大きな動きが発生していると知るのです。多くのトレーダーは、大きな動きを察知すると、ショートポジションを取るために天井を探します。アダムセオリーでは、大きな動きを察知した場合、増し玉すべきであると訴えます。市場の大きな動きを最大限活用するのです。

もちろん、増し玉ごとに個別のストップを置きます。

増し玉を検討しているときにトレンドに押しが入った場合、正しい行動をとるか、誤った行動をとるかの選択となります。買いポジションを持っている場合の誤った行動とは、そのトレンドの高値よりも安い水準で買い増すことです。正しい行動とは、トレンドが新高値を更新し、マーケットがトレンドを再開したことを告げるとともに、ダブルリフレクション・チャートが買い増してもよいと告げた段階です。

増し玉を検討する理想的な押しとは、非常に強いマーケットにおいて、動きが速く、１日、２日、ないしは３日の期間で終わる押しです。

ここでひとつ重要なことを思い出してください。**いかなる場合でも、けっして増し玉のポジションの大きさを最初の買いポジションより大きくしてはいけません。**例えば、当初の買いポジションが３枚の場合、増し玉でけっして３枚以上買ってはならないのです。実際、賢明なトレーダーは２枚か、１枚にすることでしょう。

売りポジションを持っている場合、もちろん上述のケースを反対にして、売りに当てはめることになります。

ジム・スローマンはポジションの追加について次のように述べています。

「マーケットに参加する場合の適切なタイミングは、マーケットが望む方向にすでに動いているときです。しかし、そこですべてのポジションを作るべきでしょうか。

答えは『ノー』です。私たちはマーケットに従い、マーケットの動きを反映したいのです。まずポジションの一部を作り、私たちが正しいことをマーケットが証明してくれることを待つのです。そこでポジションを追加し、３回目のポジションを追加する前に、再度私たちの判断が正しいことをマーケットが証明してくれるのを待つというパターンを繰り返すのです（もっと正確に言えば、私たちがマーケットに同調していることをマーケットが証明してくれるのを待つのです）。

このように増し玉することによって、常にマーケットと同じ方向を向くことができるとともに、**保有ポジションが利益を生んでいるときに限って増し玉することができるのです。**別の言い方をすれば、マーケットがさらに弱い場合にさらに売り、さらに強い場合にさらに買うのです。

マーケットがさらに下げているにもかかわらず、売りをやめるべきポイントというのはあるのでしょうか。なぜ、やめる必要があるのでしょうか。マーケットの弱さを示すサインは、直近のものであれ、一番最初のものであれ、同様に有効です。ここからはもう下げないなどと、だれが言えるのでしょうか。

当然のことながら、増し玉ごとにストップロス注文も追加します。

新規のポジションや増し玉のために、押しや戻りを待つべきでしょうか。

答えは『ノー』です。トレンドからはずれる最も愚かな行為は、押しや戻りを待つことです。たいていの場合、押しや戻りを待っている間に列車に乗り遅れてしまうことになります。トレンドが強ければ強いほど（ポジションを持ちたい状況であるほど）、押しや戻しは弱いのです。

コンピューターでマーケットの分析を徹底的に行ったトレーダーについては前にも述べましたが、彼は押しや戻りを待つということに対し、次のように述べています。『押しを待つことはしたくない。強いマーケットが一時押したところで買うということは多くのトレーダーが最も好むテクニックだが、統計的な正当性はまったく見当たらない』

大豆が８ドルから９ドルに上昇し、９ドルで買うのか、押しが入ったあとの8.8ドルで買うかの選択があるとすれば、私は９ドルでの買いを選びます。8.8ドルまで押さないかもしれません。統計によれば、押しを待たずに買うことによって、より利益を拡大することができるのです。

マーケットが押したところで買うということは、強いマーケットの弱い局面で買うということです。私たちが望むのは強いマーケットの強い局面での買い（または、弱いマーケットの弱い局面での売り）なのです。常に強い局面で買い、弱い局面で売るのです。

次のことが起こるのを何回も見ています。マーケットが上昇し始め、例えばウィリアムは電話をとって、買い始めます。ロバートも同様に買います。さらに上昇したところで彼らはポジションを追加します。さらに上昇したところでまた買い増しします。そんなに複雑なことではありません。

彼らは実験するでしょう。上昇しそうだけれども確かでないというときは、小さな試し玉を作ります。それが正しいと証明された場合は買い増すということを繰り返すのです。もし誤っていると証明された場合、わずかな損失でポジションを手仕舞うのです。大したことではありません。

ほかの多くのトレーダーはどうでしょうか。信じないかもしれませんが、押しを待っているのです。ほとんどの場合、こう考えているのです。『マーケットは高すぎる、買うには遅すぎる、押しが入るまで待とう』

どうであれ、買うために押しを待っているのです（『ここは高すぎる、もうこんなに上げてしまった、もう少し安く買おう』）。多くの場合、マーケットは上昇し続けるのです。そして買うべき押しが入ったところでウィリアムとロバートはポジションを手仕舞いしているのです。

売ったあとに、マーケットが再び上昇したら、彼らは買い直すのです。だれかが『こんな高値でどうして買うのか』と言うことでしょう。ウィリアムはこのように答えるでしょう。『マーケットは上昇しているじゃないか』

彼がそう言ったとき、私は理解できませんでした。私やほかのトレーダーにとって、ウィリアムやロバートのやり方はとんでもなくリスキーに思えたのです。私たちは安いときに買い、高すぎるときに売るということを考えていたのです。

彼らは秘密のシステムを持っているのだろうと考えていました。私は自分の分厚い頭蓋骨を突き破ることができませんでした。彼らの行動が単純すぎるために理解できなかったなどとは思いもよらなかったのです。

彼らはすべての取引をオープンに行っていたので、その点については何の秘密もありませんでした。しかし、私にとって彼らのトレードはマジックであり、不可解なものであり、ミステリーに覆われたものでした」

第23章

規律

私たちはマーケットで成功するためのすべての知識を得ることができます。すべての正しい行動を知ることができます。99%において正しい行動をとることができます。しかし、ガードが緩んでちょっとした間違いを犯し、これまでに得たものすべてとそれ以上のものを失うことがあるのです。マーケットでは規律こそが大切です。トレードは規律という名のゲームなのです。規律が勝者と敗者を分けるのです。ほかに代用品はないのです。トレードではほかの何ものもその役割を果たすことができないのです。

長い間、完璧な規律に基づいてトレードすることができるでしょう。そして一度、ただ一度だけ、一生に一度の素晴らしいトレード機会と思われる状況に出合うのです。そして、感情的になってしまうのです。これは素晴らしい勝ちに違いない。大きな勝ちでなければならない……。

この状況は遅かれ早かれすべてのトレーダーに出現するのです。気をつけてください。覚悟しておくのです。何にもまして、規律を守るのです。

ジム・スローマンはトレーダーのグループから多くのことを学んでいます。

「私はひとりのトレーダー（仮にエドワードと呼びましょう）を知っています。彼は数カ月間素晴らしいトレードを重ねて多くの利益を稼いでいました。それから数日間か、ほんの半日の間に彼は気を抜いて注意散漫になり、そして頑固になってしまうのです。

彼はマーケットが彼の方向に動かなければならないと主張し始めるのです。マーケットが逆に動いているなかで、大きなポジションを持ち続けるのです。さらには増し玉をし、ミスを重ねていくのです。ナンピンをし、ストップロスを置くことを拒否するのです。

ついに、彼のポジションが完全に悪化すると、生気のないまなざしになり、『自分ではコントロールできない状況だ、もはやマーケットが自分の運命を決定する』と宣言するような運命論者となるのです。

そうなると、その日のうちに完全に一文無しになるのです。

そして借金をして、また一からやり直すのです。その繰り返しを何回か見ました。

この現象はエドワードに限ったことなのでしょうか。けっしてそうではありません。知っているだけでも、同じパターンのトレーダーを数人挙げることができます。

惨事が起こるまでの期間において、エドワードのトレード技術は優れており、結構な利益を上げているのです。しかし彼は優れたトレーダーでしょうか。そうとは思いません。

伝説のトレーダーであるジェシー・リバモアは生涯で莫大な利益を上げ、そしてすべてを失っています。彼を優れたトレーダーと呼べるのでしょうか。答えは『ノー』です。大きな利益を上げるだけでは十分ではないのです。

どれだけ儲けるかではないのです。問題はどれだけ残せるかということです。

★★★★★

第24章

アダムセオリーの復習

アダムセオリーのチャートへの応用に入る前に、アダムセオリーの基本事項について復習しておきましょう。

アダムセオリーとは何か？

アダムセオリーとは、マーケットで成功するための理論。アダムセオリーでは、マーケットで重要なことは日々の利益である。

マーケットで成功するためには、＿＿＿しなければならない。

身をゆだねる。

マーケットにおいて何が重要か？

①価格。すべてが価格に含まれている。価格が現実。

②トレンド。トレンドは価格についてのすべての重要な要素。

トレンドとは何か？

繰り返しているもの。

繰り返しの最も基本的な形態は？

正確な繰り返し。

正確な繰り返しは何をもたらすのか？

対称性。

ディーペストシンメトリー（最高次の対象性）とは何か？

反射の回数がかかわる次元の数に等しい場合。時間・価格平面では、セカンドリフレクション（二次反射）。

グレーテストリフレクション（最強の対称性）をもたらすものは何か？

①トレンドの速度が大きい場合

②現時点との距離が短い場合

セカンドリフレクション（二次反射）チャートの最も簡単な求め方は？

バーチャートをトレースした透明なプラスチックシートの裏返し。

セカンドリフレクション・チャートは何を表すのか？

マーケット自らが行う最も可能性の高い将来の予測であり、常にアップデートされる。

予想は何を含んでいるのか？

マーケットが知るすべての情報――何かを追加することによって改善する余地はいっさいない。

アダムセオリーはほかのトレードシステムと何が異なるのか？

①アダムセオリーは裁量的な制約をもたない。

②アダムセオリーは現実であり、「～しなければならない」という理論ではない。

③アダムセオリーは単純である。

第25章

いつマーケットに参加するのか

トレンドがあるときにトレードを開始すべきだということは知っています。マーケットが速く動いているほど、推進力が強く対称性も強いことから、その動きは継続しやすいものです。

マーケットはセカンドリフレクション・チャートを使い、トレードの仕掛けを決定するタイミングについて、自ら何らかのヒントを提示してくれるのだろうか。

手掛かりは3つあります。これらは3つとも、それぞれバーチャートの上では明白です。それらは、いずれもマーケットが何かをしているという兆候であり、一定の方向に向かいつつあるという兆候であり、さらに、動きの背後には一定の原動力が存在するという兆候です。

ヒント1　ブレイクアウト。次の場合、仕掛けを判断するためにセカンドリフレクション・チャートを使用する。

マーケットが過去の主要な高値を超えた場合。または売りの場合は過去の主要な安値を割った場合。どちらの場合も、価格を新たな領域に進ませるほどの十分な勢いが存在する。ブレイクアウトの時間枠が長期であればあるほど重要な動きとなる。つまり、過去6カ月のすべての高値をブレイクアウトした場合は、過去3カ月のすべての高値をブレイクアウトした場合よりも重要な動きとなる。

ヒント２　トレンドの転換。次の場合、仕掛けを判断するためにセカンドリフレクション・チャートを使用する。

マーケットが長期にわたって維持していた下降トレンドをブレイクし、さらに新たな上昇トレンドにおける何個かの高値を超えた場合。長期間継続した下降トレンドが転換するには、かなりのパワーが必要となる。新高値の更新が続き、新たな上昇トレンドが確認されることは重要な動きとなる。売るのは上の場合の反対で、長期間継続した上昇トレンドが下にブレイクした場合に当てはめます。

ヒント３　ギャップ、および・あるいは長大線の出現。次の場合、仕掛けを判断するためにセカンドリフレクション・チャートを使用する。

マーケットは比較的落ち着いていたにもかかわらず、急にギャップを空けて上昇すると同時に（または）１日のレンジが急激に拡大するという場合、マーケットが目を覚まし、何かが起こっていることを示唆している。上述のヒント１やヒント２と同時に発生する場合、特に重要な動きとなる。売るのは上の場合の反対で、ギャップを空けて下落したときに当てはめます。

日々の利益が最も重要だということを思い出してください。どんな状況でもアダムセオリーを用いてただトレードすればよいということではありません。何かが起こっているマーケットでのみトレードすべきです。すでに何かが起こっていることから、何かが起こっているということを知るのです。

次の章からのチャート例においてこれらのヒントが何度も述べられます。これらのヒントが出現し、尻すぼみに終わり、いくらかの損失に終わってしまうこともあるでしょう。すでに知っているとおり、それは必要経費なのです、保険なのです。仕掛けに対して辛抱強く、そして注意深く行動すれば、一番大切な日々の利益を最大化することができるのです。

第26章

取引例――綿花

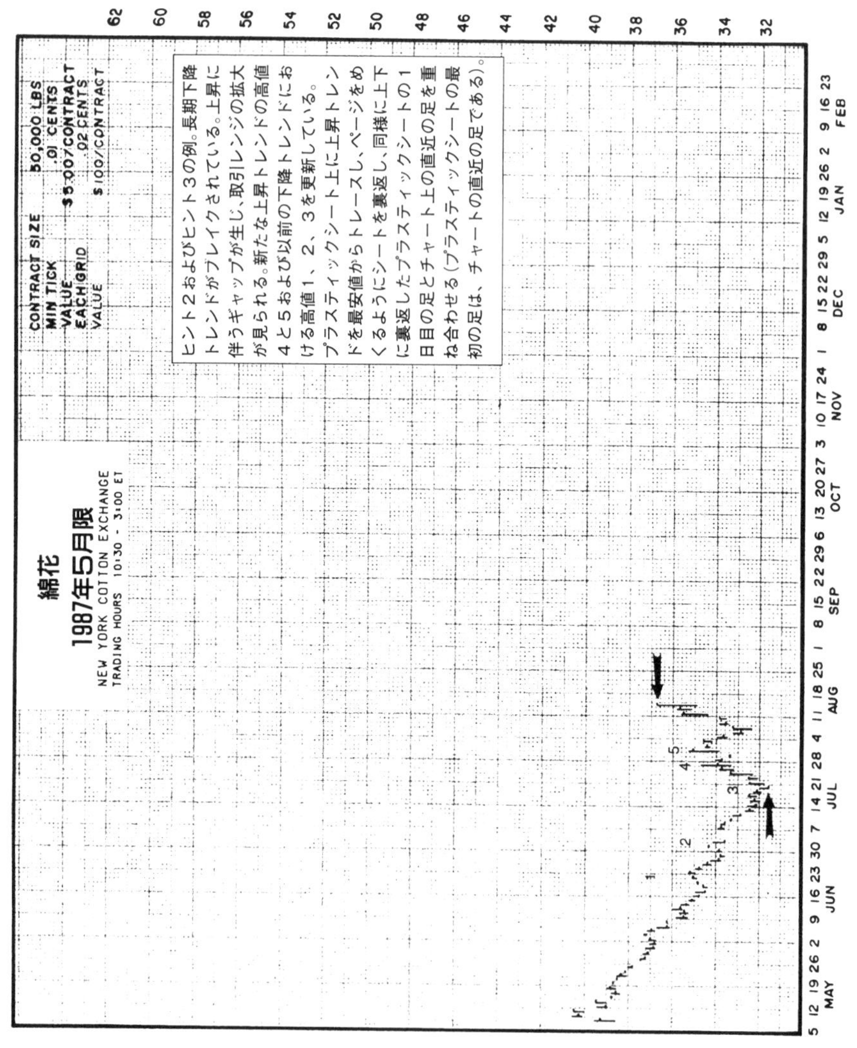

編集部注　この第26章の見開きの左右２つのチャートは同じ日のチャートである。左ページ（偶数ページ）のチャートはその日までのチャートであり、右ページ（奇数ページ）のチャートは過去の一定期間の値動きをトレースして、裏返して上下を反対にして作成したダブルリフレクション・チャートである。

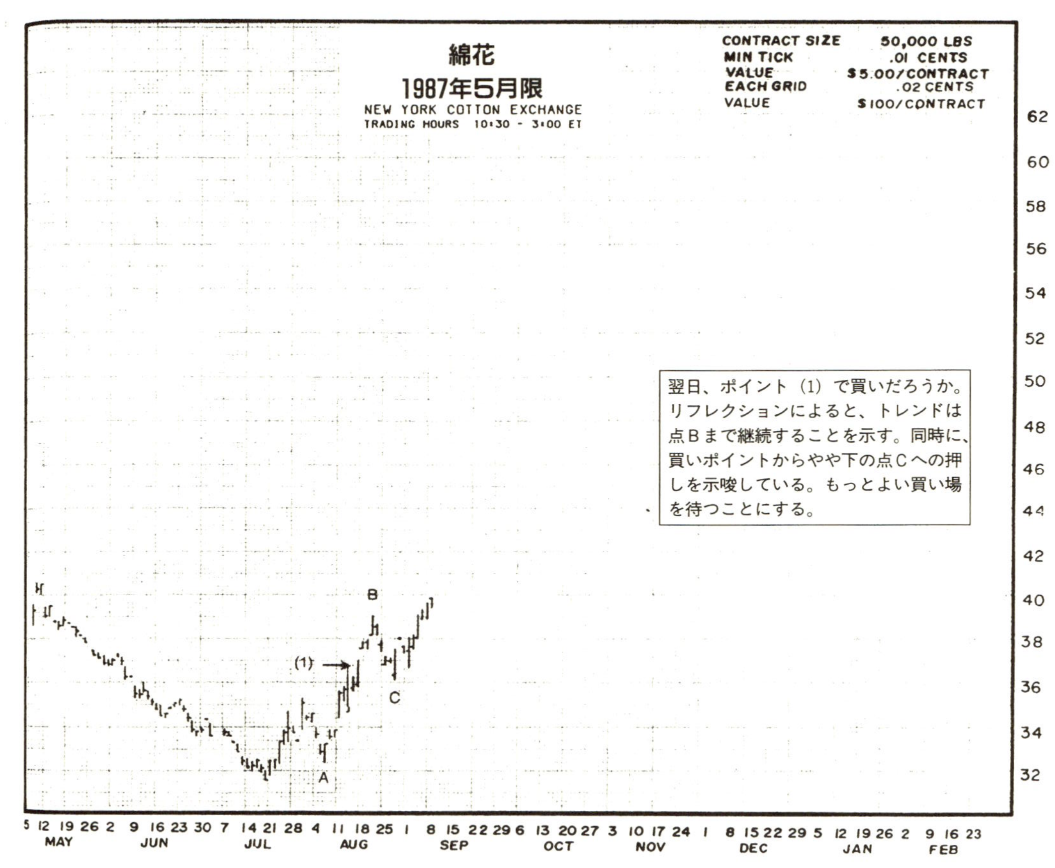

綿花
1987年5月限
NEW YORK COTTON EXCHANGE
TRADING HOURS 10:30 - 3:00 ET
CONTRACT SIZE 50,000 LBS
MIN TICK .01 CENTS
VALUE $5.00/CONTRACT
EACH GRID .02 CENTS
VALUE $100/CONTRACT
翌日、ポイント（1）で買いだろうか。リフレクションによると、トレンドは点Bまで継続することを示す。同時に、買いポイントからやや下の点Cへの押しを示唆している。もっとよい買い場を待つことにする。
(1)
A
B
C
62 60 58 56 54 52 50 48 46 44 42 40 38 36 34 32
5 12 19 26 2 9 16 23 30 7 14 21 28 4 11 18 25 1 8 15 22 29 6 13 20 27 3 10 17 24 1 8 15 22 29 5 12 19 26 2 9 16 23
MAY JUN JUL AUG SEP OCT NOV DEC JAN FEB
© 1987 Cavida, Ltd.

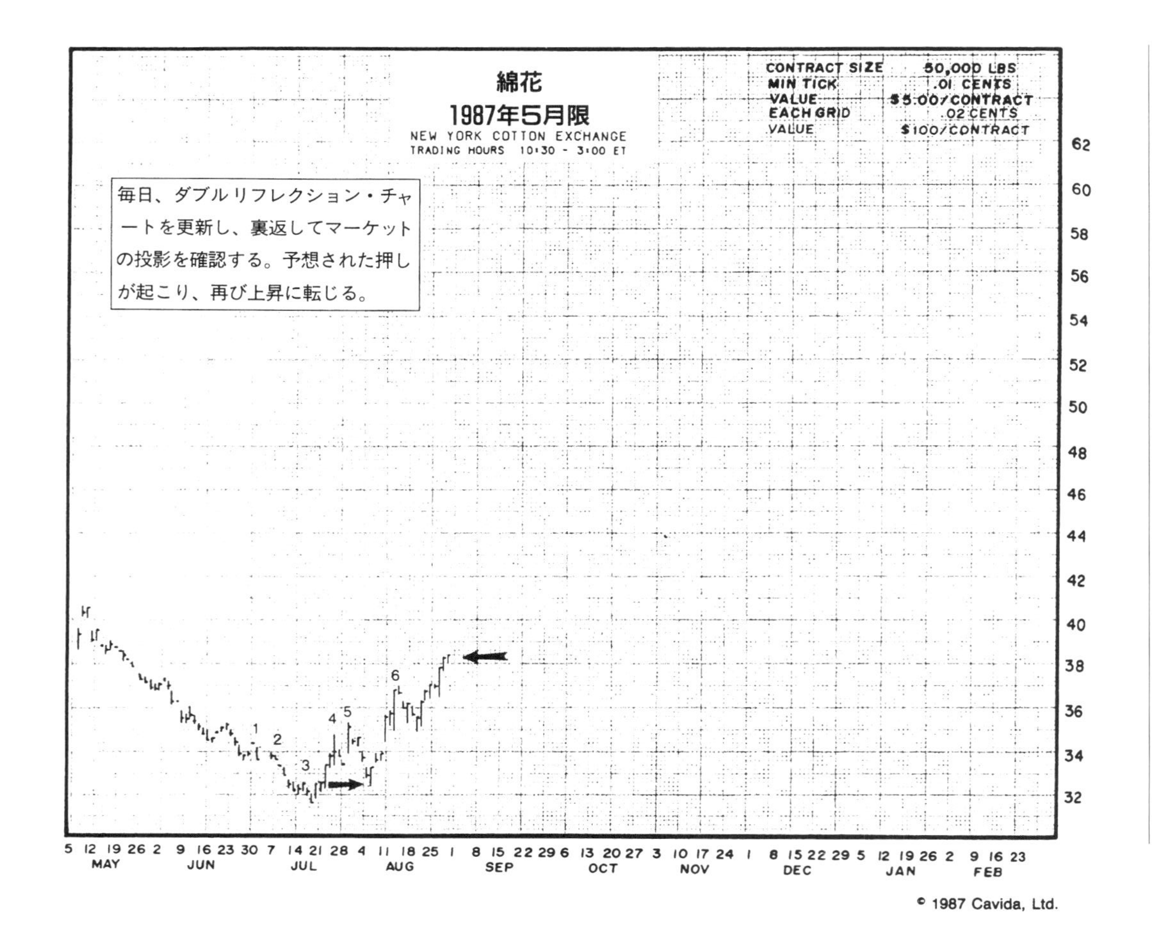
綿花
1987年5月限
NEW YORK COTTON EXCHANGE
TRADING HOURS 10:30 - 3:00 ET
CONTRACT SIZE 50,000 LBS
MIN TICK .01 CENTS
VALUE $5.00/CONTRACT
EACH GRID .02 CENTS
VALUE $100/CONTRACT
毎日、ダブルリフレクション・チャートを更新し、裏返してマーケットの投影を確認する。予想された押しが起こり、再び上昇に転じる。
62
60
58
56
54
52
50
48
46
44
42
40
38
36
34
32
1
2
3
4
5
6
5 12 19 26 2 9 16 23 30 7 14 21 28 4 11 18 25 1 8 15 22 29 6 13 20 27 3 10 17 24 1 8 15 22 29 5 12 19 26 2 9 16 23
MAY JUN JUL AUG SEP OCT NOV DEC JAN FEB
© 1987 Cavida, Ltd.

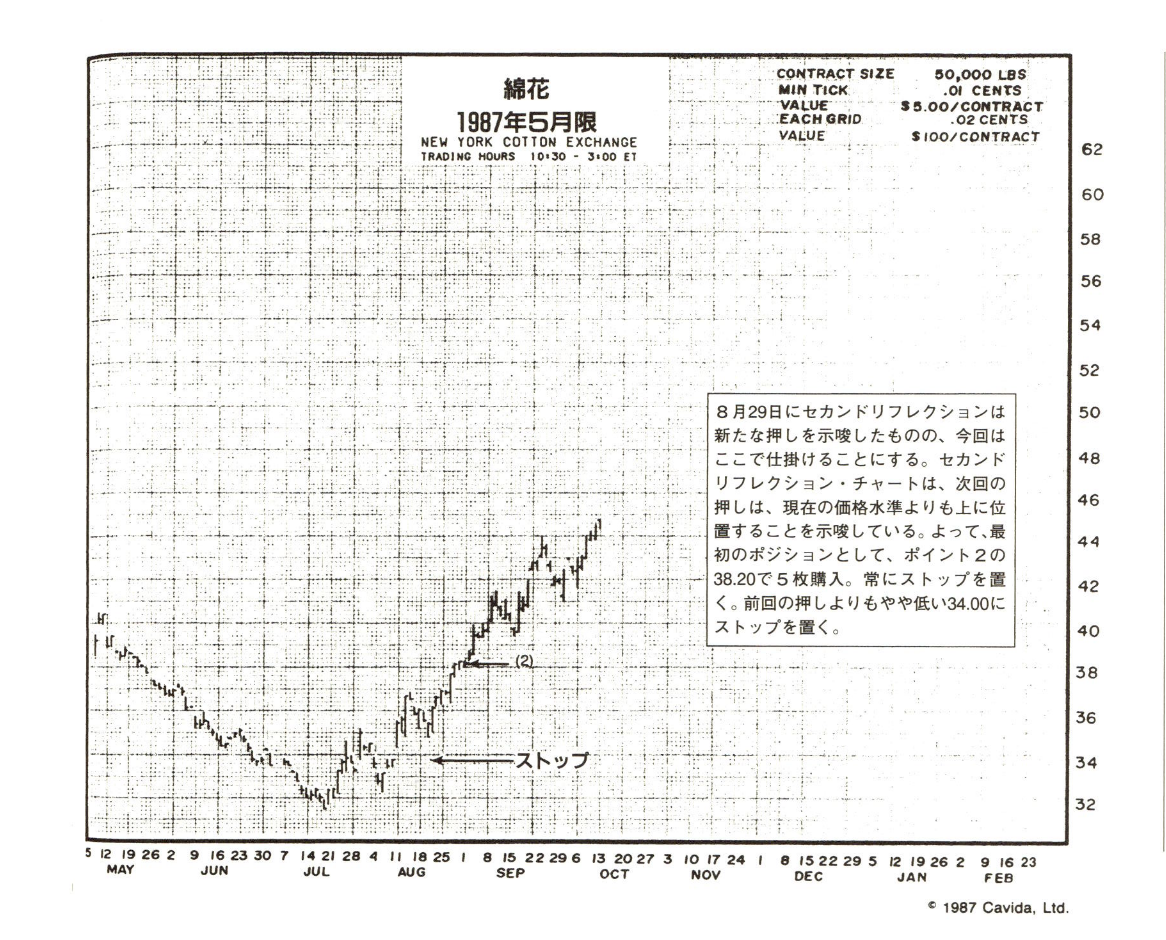

綿花
1987年5月限
NEW YORK COTTON EXCHANGE
TRADING HOURS 10:30 - 3:00 ET
CONTRACT SIZE 50,000 LBS
MIN TICK .01 CENTS
VALUE $5.00/CONTRACT
EACH GRID .02 CENTS
VALUE $100/CONTRACT
８月29日にセカンドリフレクションは新たな押しを示唆したものの、今回はここで仕掛けることにする。セカンドリフレクション・チャートは、次回の押しは、現在の価格水準よりも上に位置することを示唆している。よって、最初のポジションとして、ポイント２の38.20で５枚購入。常にストップを置く。前回の押しよりもやや低い34.00にストップを置く。
(2)
ストップ
62 60 58 56 54 52 50 48 46 44 42 40 38 36 34 32
5 12 19 26 2 9 16 23 30 7 14 21 28 4 11 18 25 1 8 15 22 29 6 13 20 27 3 10 17 24 1 8 15 22 29 5 12 19 26 2 9 16 23
MAY JUN JUL AUG SEP OCT NOV DEC JAN FEB
© 1987 Cavida, Ltd.

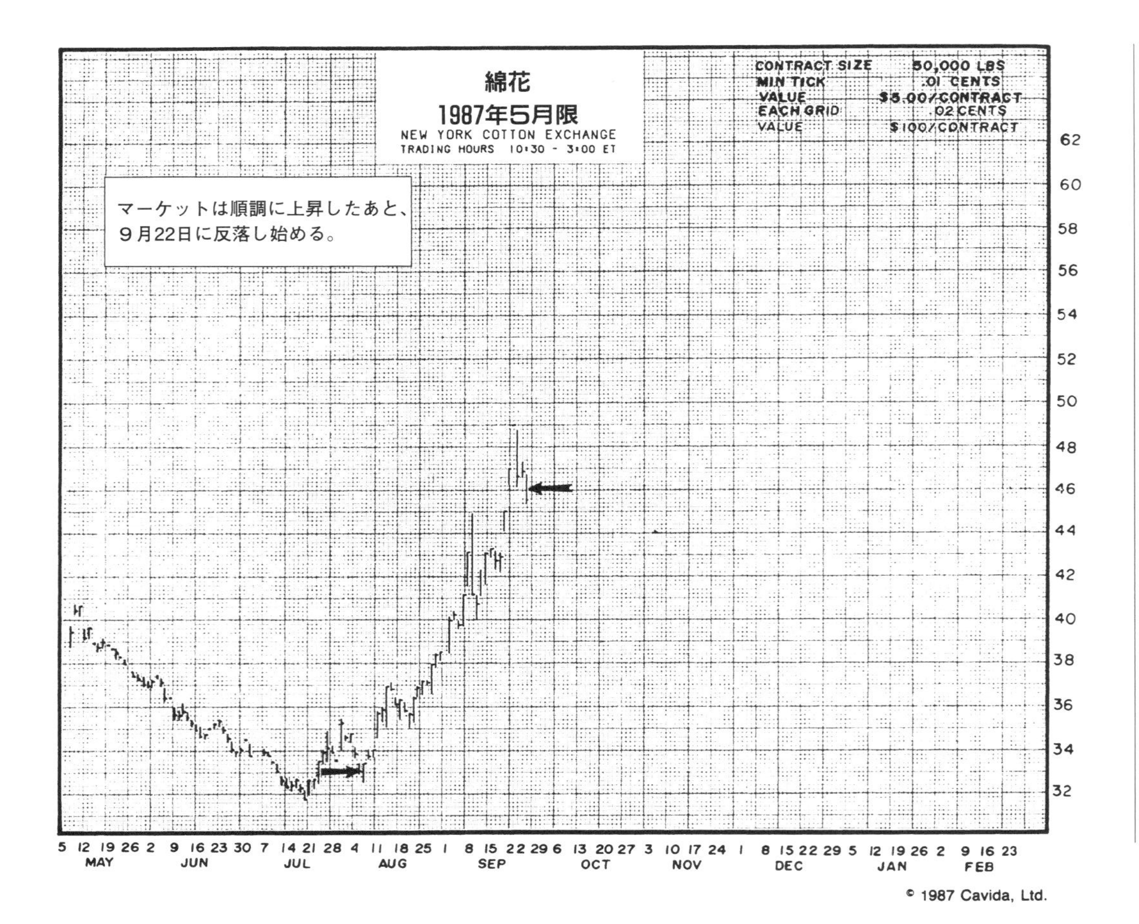
綿花
1987年5月限
NEW YORK COTTON EXCHANGE
TRADING HOURS 10:30 - 3:00 ET
CONTRACT SIZE 50,000 LBS
MIN TICK .01 CENTS
VALUE $5.00/CONTRACT
EACH GRID .02 CENTS
VALUE $100/CONTRACT
マーケットは順調に上昇したあと、
９月22日に反落し始める。
© 1987 Cavida, Ltd.

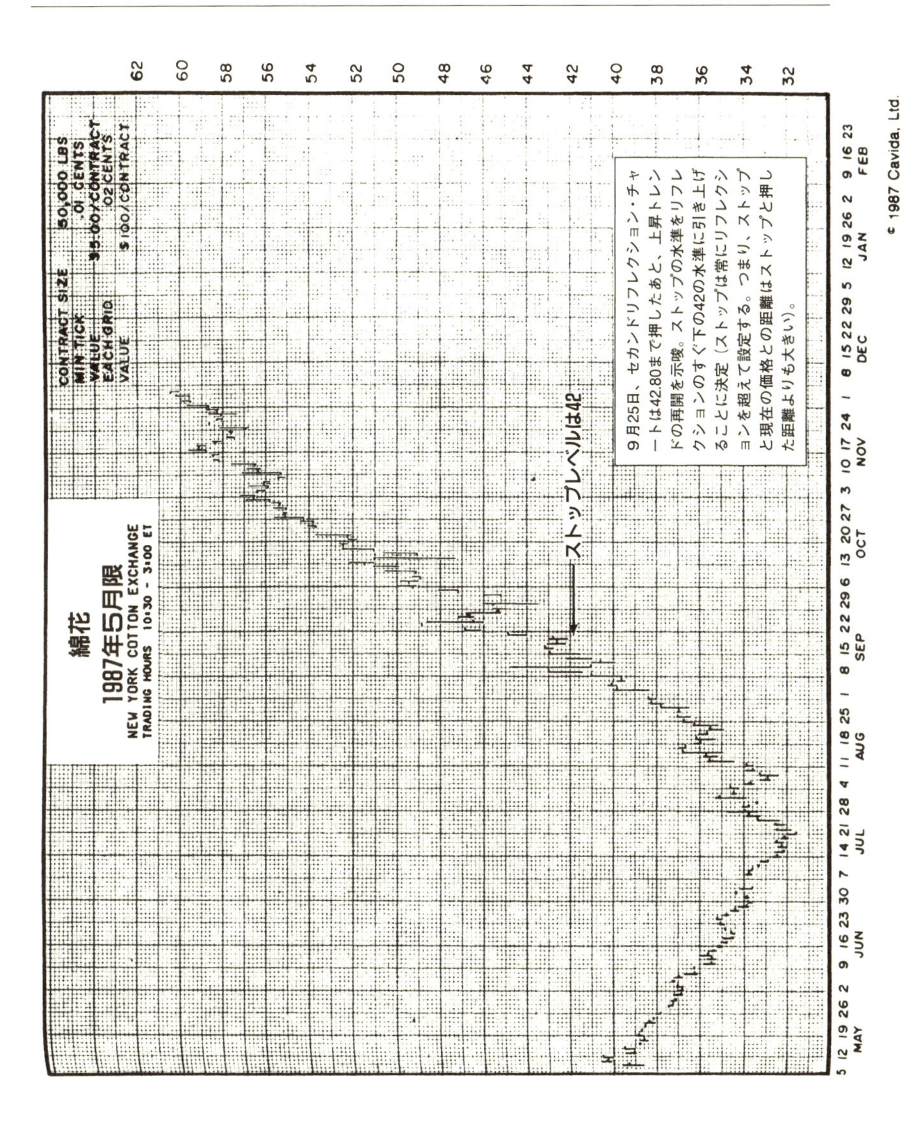
綿花
1987年5月限
NEW YORK COTTON EXCHANGE
TRADING HOURS 10:30 - 3:00 ET
CONTRACT SIZE 50,000 LBS
MIN TICK .01 CENTS
VALUE $5.00/CONTRACT
EACH GRID .02 CENTS
VALUE $100/CONTRACT
ストップレベルは42
9月25日、セカンドリフレクション・チャートは42.80まで押したあと、上昇トレンドの再開を示唆。ストップの水準をリフレクションのすぐ下の42の水準に引き上げることに決定（ストップは常にリフレクションを超えて設定する。つまり、ストップと現在の価格との距離はストップと押した距離よりも大きい）。
62 60 58 56 54 52 50 48 46 44 42 40 38 36 34 32
5 12 19 26 2 9 16 23 30 7 14 21 28 4 11 18 25 1 8 15 22 29 6 13 20 27 3 10 17 24 1 8 15 22 29 5 12 19 26 2 9 16 23
MAY JUN JUL AUG SEP OCT NOV DEC JAN FEB
© 1987 Cavida, Ltd.

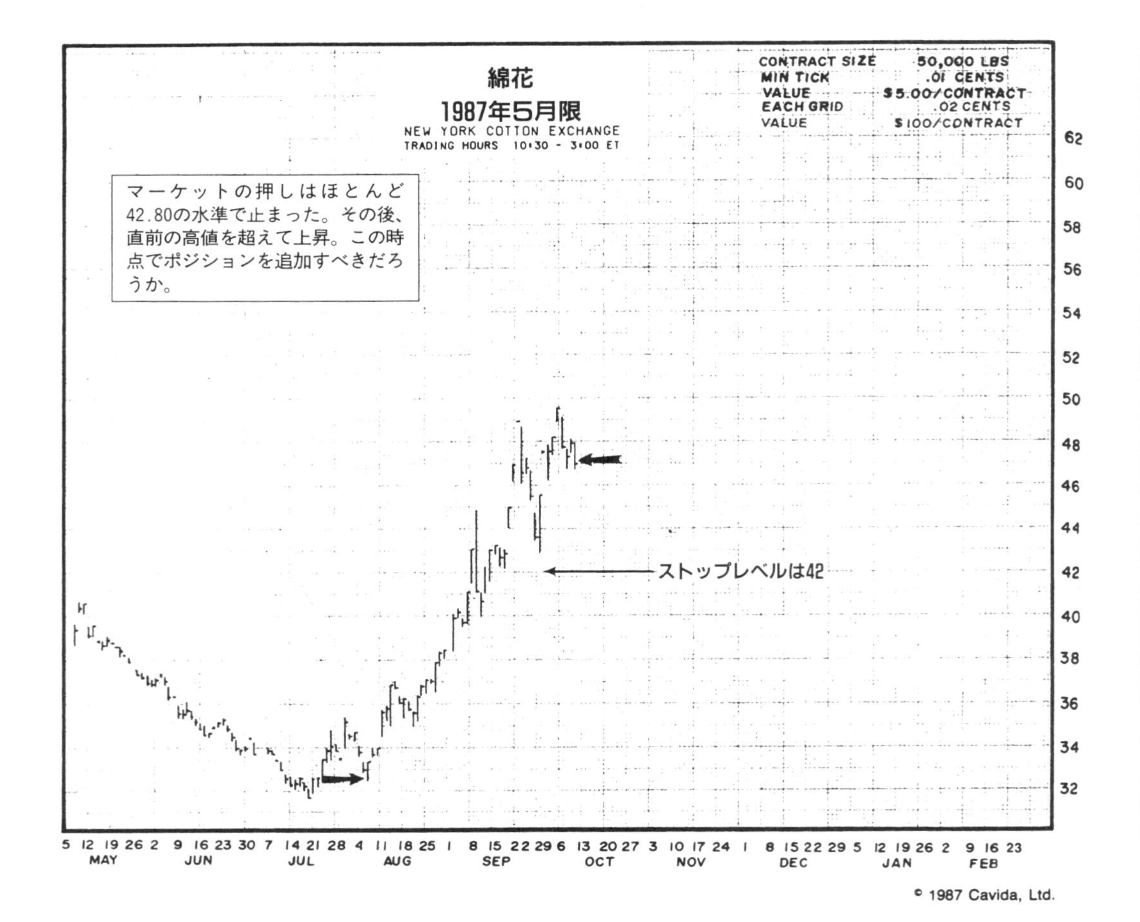
綿花
1987年5月限
NEW YORK COTTON EXCHANGE
TRADING HOURS 10:30 - 3:00 ET
CONTRACT SIZE 50,000 LBS
MIN TICK .01 CENTS
VALUE $5.00/CONTRACT
EACH GRID .02 CENTS
VALUE $100/CONTRACT
マーケットの押しはほとんど42.80の水準で止まった。その後、直前の高値を超えて上昇。この時点でポジションを追加すべきだろうか。
ストップレベルは42
62
60
58
56
54
52
50
48
46
44
42
40
38
36
34
32
5 12 19 26 2 9 16 23 30 7 14 21 28 4 11 18 25 1 8 15 22 29 6 13 20 27 3 10 17 24 1 8 15 22 29 5 12 19 26 2 9 16 23
MAY JUN JUL AUG SEP OCT NOV DEC JAN FEB

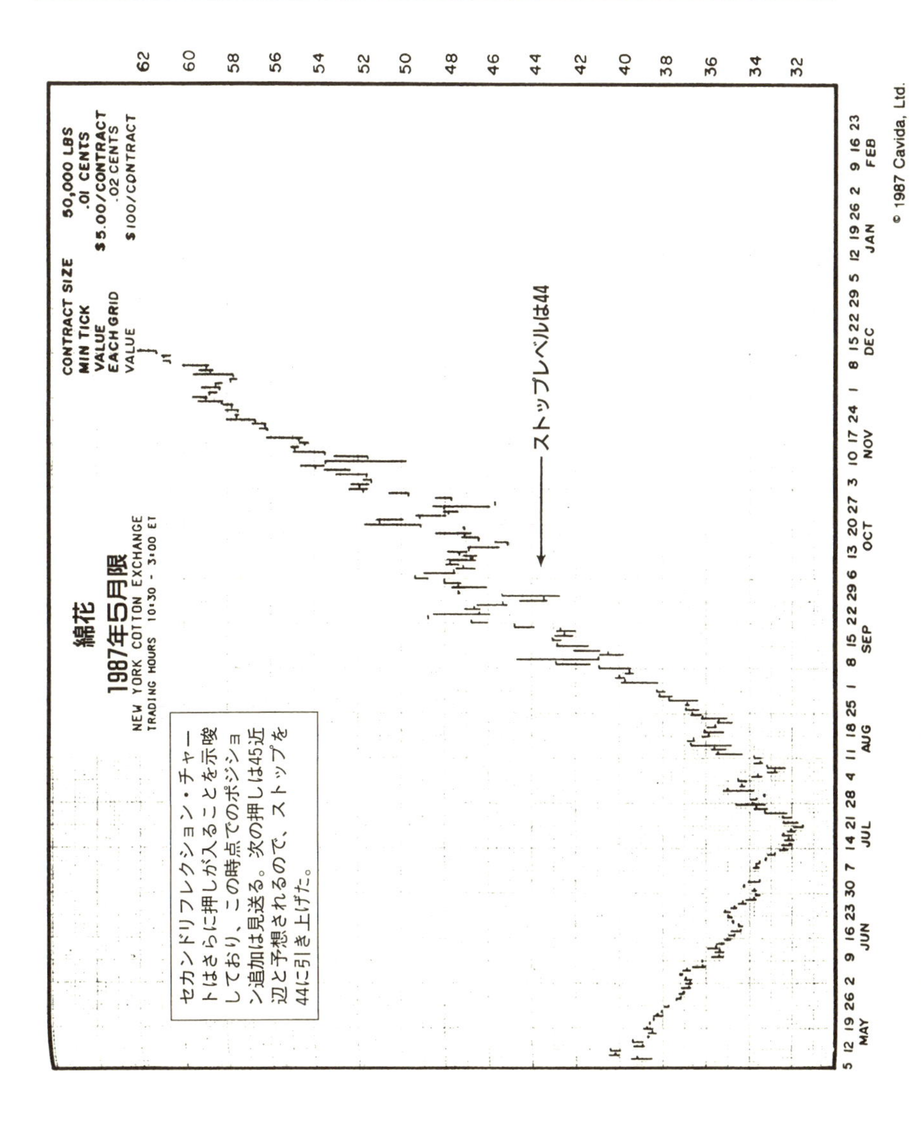

綿花
1987年5月限
NEW YORK COTTON EXCHANGE
TRADING HOURS 10:30 - 3:00 ET
CONTRACT SIZE 50,000 LBS
MIN TICK .01 CENTS
VALUE $5.00/CONTRACT
EACH GRID .02 CENTS
VALUE $100/CONTRACT
セカンドリフレクション・チャートはさらに押しが入ることを示唆しており、この時点でのポジション追加は見送る。次の押しは45近辺と予想されるので、ストップを44に引き上げた。
ストップレベルは44
62 60 58 56 54 52 50 48 46 44 42 40 38 36 34 32
5 12 19 26 2 9 16 23 30 7 14 21 28 4 11 18 25 1 8 15 22 29 6 13 20 27 3 10 17 24 1 8 15 22 29 5 12 19 26 2 9 16 23
MAY JUN JUL AUG SEP OCT NOV DEC JAN FEB
© 1987 Cavida, Ltd.

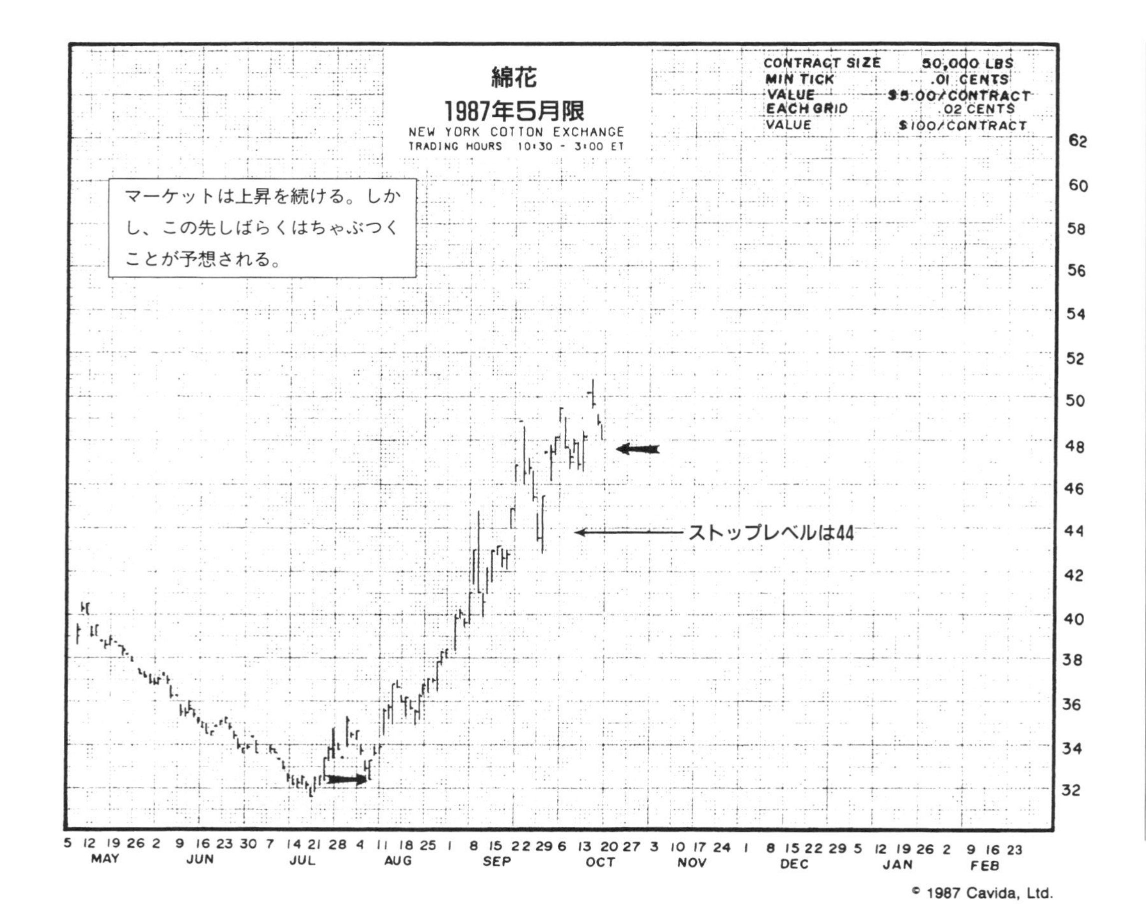

綿花
1987年5月限
NEW YORK COTTON EXCHANGE
TRADING HOURS 10:30 - 3:00 ET
CONTRACT SIZE 50,000 LBS
MIN TICK .01 CENTS
VALUE $5.00/CONTRACT
EACH GRID .02 CENTS
VALUE $100/CONTRACT
マーケットは上昇を続ける。しかし、この先しばらくはちゃぶつくことが予想される。
ストップレベルは44
62 60 58 56 54 52 50 48 46 44 42 40 38 36 34 32
5 12 19 26 2 9 16 23 30 7 14 21 28 4 11 18 25 1 8 15 22 29 6 13 20 27 3 10 17 24 1 8 15 22 29 5 12 19 26 2 9 16 23
MAY JUN JUL AUG SEP OCT NOV DEC JAN FEB
© 1987 Cavida, Ltd.

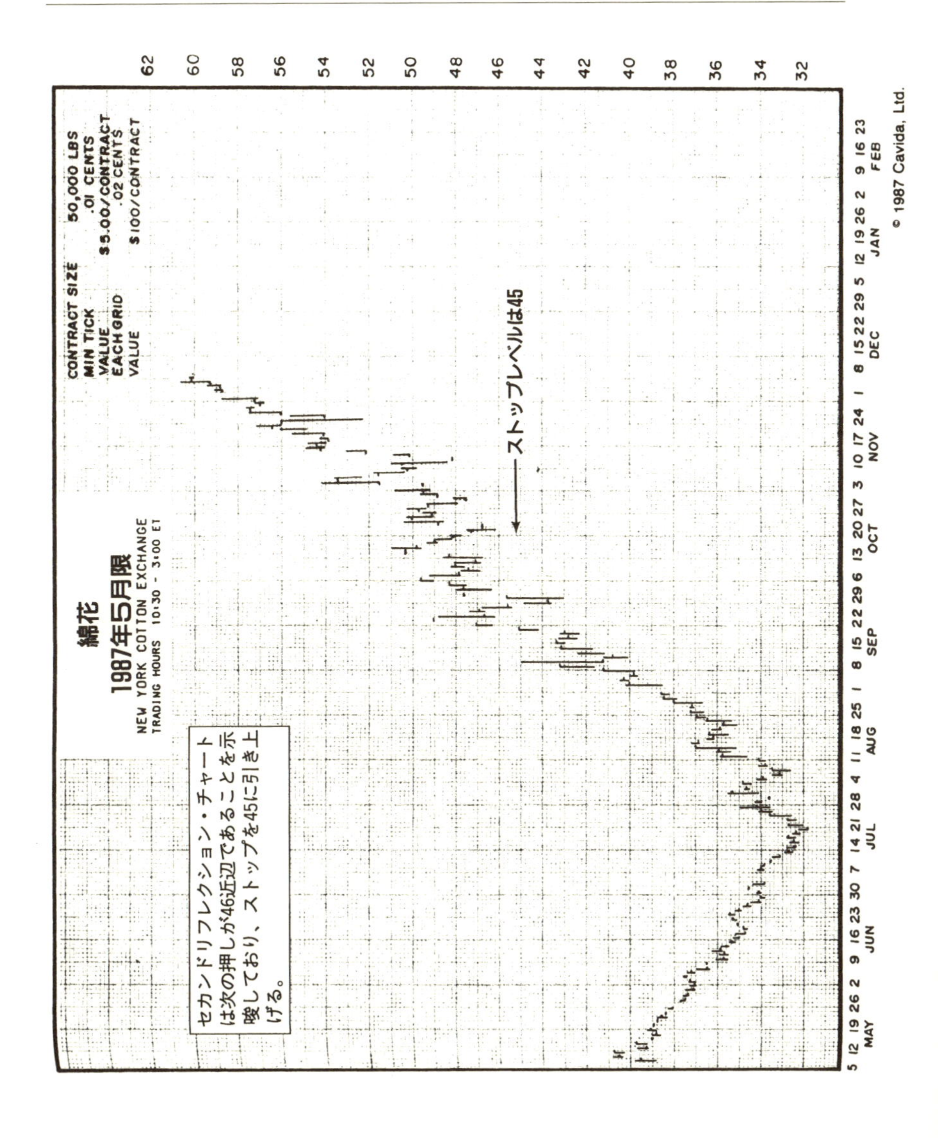

綿花
1987年5月限
NEW YORK COTTON EXCHANGE
TRADING HOURS 10:30 - 3:00 ET
CONTRACT SIZE 50,000 LBS
MIN TICK .01 CENTS
VALUE $5.00/CONTRACT
EACH GRID .02 CENTS
VALUE $100/CONTRACT
セカンドリフレクション・チャートは次の押しが46近辺であることを示唆しており、ストップを45に引き上げる。
ストップレベルは45
MAY JUN JUL AUG SEP OCT NOV DEC JAN FEB
© 1987 Cavida, Ltd.

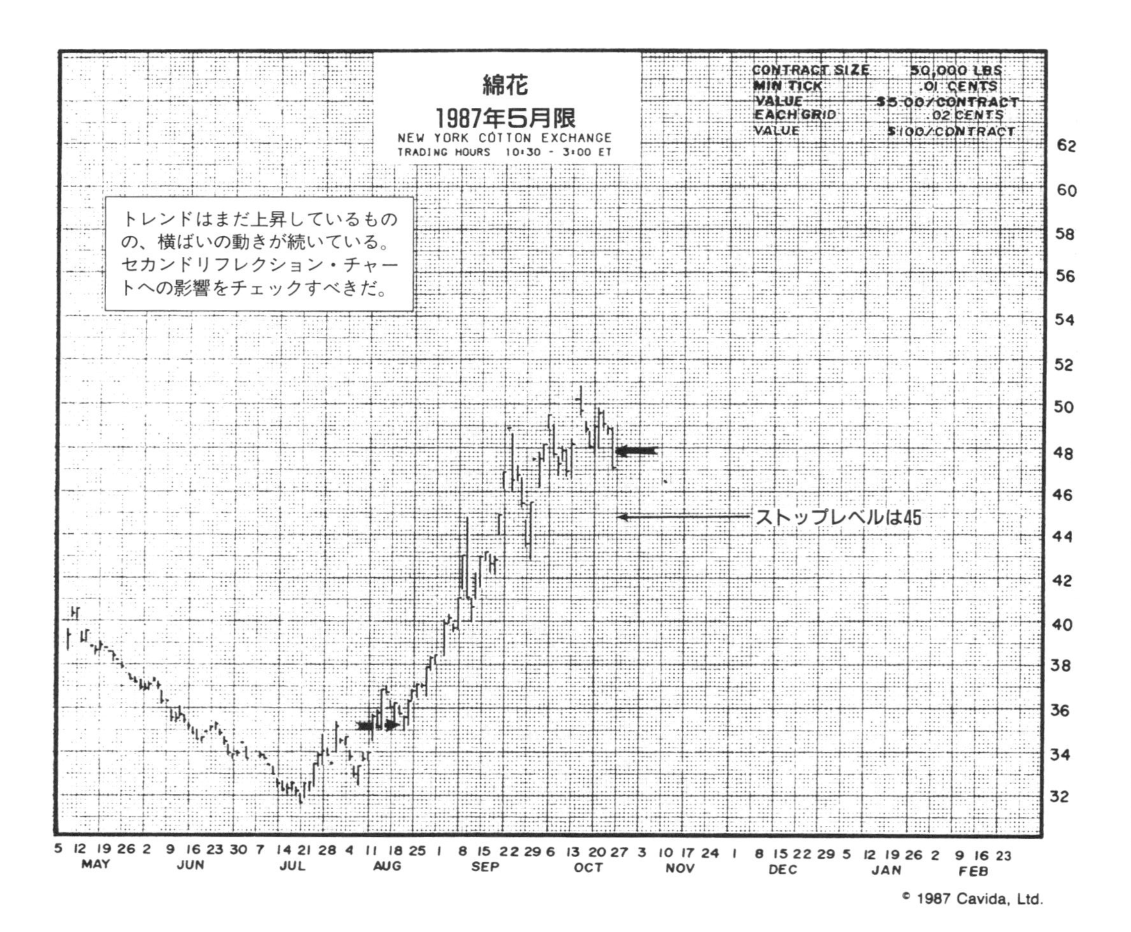

綿花
1987年5月限
NEW YORK COTTON EXCHANGE
TRADING HOURS 10:30 - 3:00 ET
CONTRACT SIZE 50,000 LBS
MIN TICK .01 CENTS
VALUE $5.00/CONTRACT
EACH GRID .02 CENTS
VALUE $100/CONTRACT
トレンドはまだ上昇しているものの、横ばいの動きが続いている。セカンドリフレクション・チャートへの影響をチェックすべきだ。
ストップレベルは45
62 60 58 56 54 52 50 48 46 44 42 40 38 36 34 32
5 12 19 26 2 9 16 23 30 7 14 21 28 4 11 18 25 1 8 15 22 29 6 13 20 27 3 10 17 24 1 8 15 22 29 5 12 19 26 2 9 16 23
MAY JUN JUL AUG SEP OCT NOV DEC JAN FEB
© 1987 Cavida, Ltd.

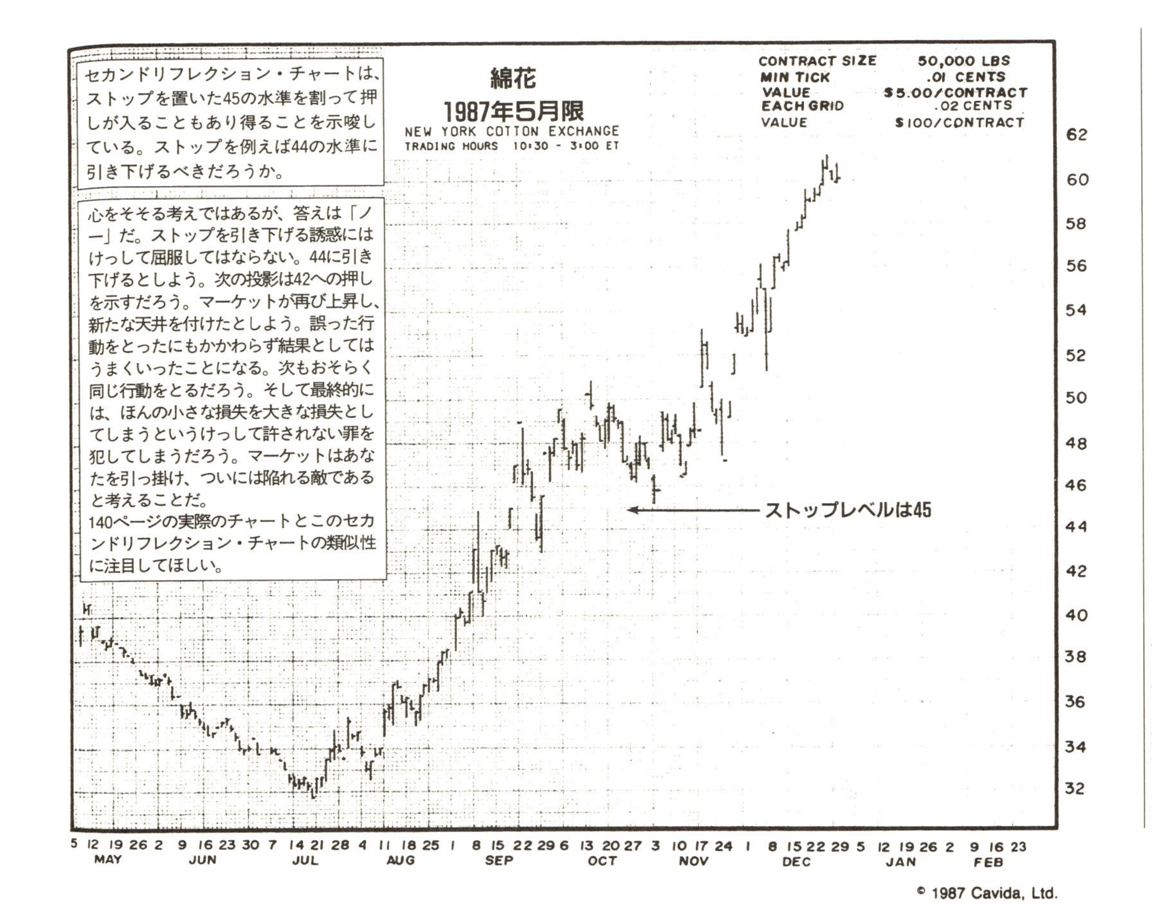
セカンドリフレクション・チャートは、ストップを置いた45の水準を割って押しが入ることもあり得ることを示唆している。ストップを例えば44の水準に引き下げるべきだろうか。
心をそそる考えではあるが、答えは「ノー」だ。ストップを引き下げる誘惑にはけっして屈服してはならない。44に引き下げるとしよう。次の投影は42への押しを示すだろう。マーケットが再び上昇し、新たな天井を付けたとしよう。誤った行動をとったにもかかわらず結果としてはうまくいったことになる。次もおそらく同じ行動をとるだろう。そして最終的には、ほんの小さな損失を大きな損失としてしまうというけっして許されない罪を犯してしまうだろう。マーケットはあなたを引っ掛け、ついには陥れる敵であると考えることだ。
140ページの実際のチャートとこのセカンドリフレクション・チャートの類似性に注目してほしい。
綿花
1987年5月限
NEW YORK COTTON EXCHANGE
TRADING HOURS 10:30 - 3:00 ET
CONTRACT SIZE 50,000 LBS
MIN TICK .01 CENTS
VALUE $5.00/CONTRACT
EACH GRID .02 CENTS
VALUE $100/CONTRACT
ストップレベルは45
62 60 58 56 54 52 50 48 46 44 42 40 38 36 34 32
5 12 19 26 2 9 16 23 30 7 14 21 28 4 11 18 25 1 8 15 22 29 6 13 20 27 3 10 17 24 1 8 15 22 29 5 12 19 26 2 9 16 23
MAY JUN JUL AUG SEP OCT NOV DEC JAN FEB
© 1987 Cavida, Ltd.

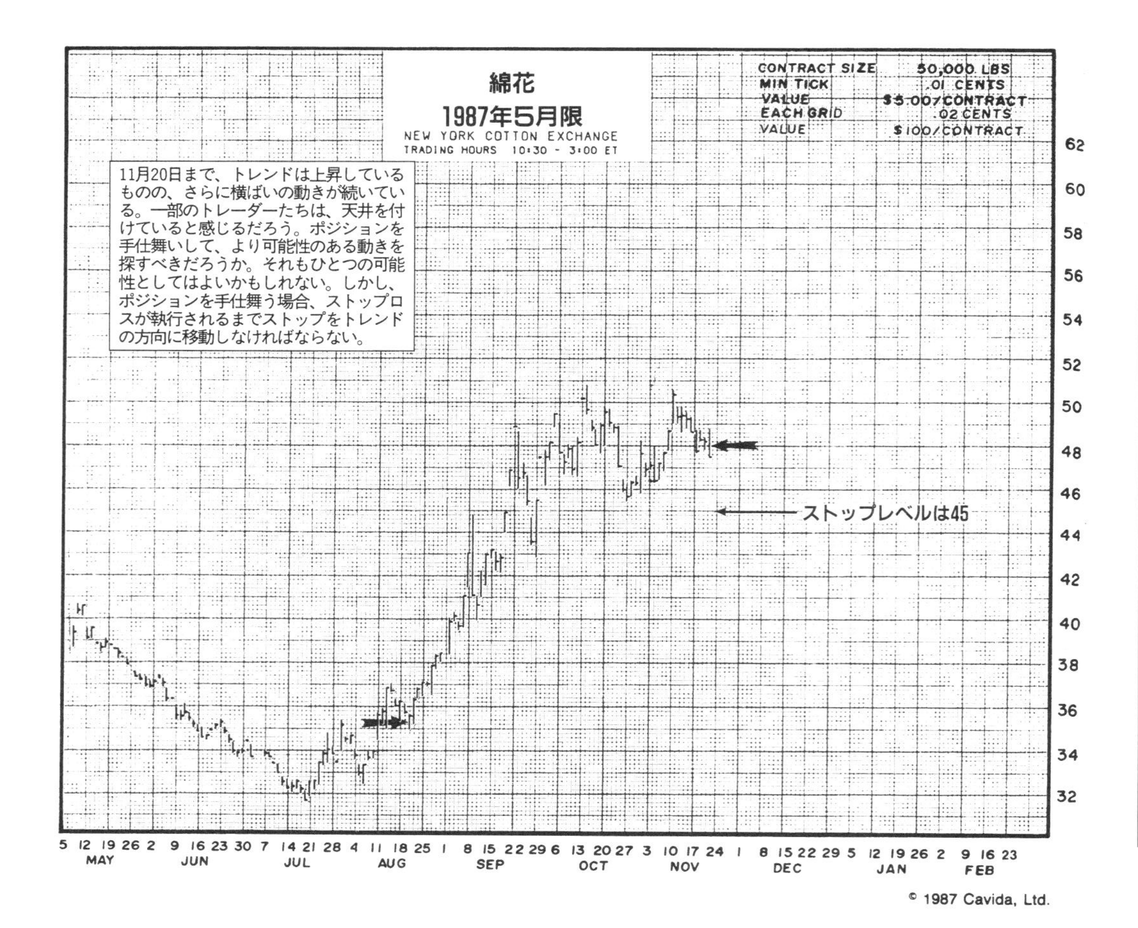
綿花
1987年5月限
NEW YORK COTTON EXCHANGE
TRADING HOURS 10:30 - 3:00 ET
CONTRACT SIZE 50,000 LBS
MIN TICK .01 CENTS
VALUE $5.00/CONTRACT
EACH GRID .02 CENTS
VALUE $100/CONTRACT
11月20日まで、トレンドは上昇しているものの、さらに横ばいの動きが続いている。一部のトレーダーたちは、天井を付けていると感じるだろう。ポジションを手仕舞いして、より可能性のある動きを探すべきだろうか。それもひとつの可能性としてはよいかもしれない。しかし、ポジションを手仕舞う場合、ストップロスが執行されるまでストップをトレンドの方向に移動しなければならない。
ストップレベルは45
62
60
58
56
54
52
50
48
46
44
42
40
38
36
34
32
5 12 19 26 2 9 16 23 30 7 14 21 28 4 11 18 25 1 8 15 22 29 6 13 20 27 3 10 17 24 1 8 15 22 29 5 12 19 26 2 9 16 23
MAY JUN JUL AUG SEP OCT NOV DEC JAN FEB
© 1987 Cavida, Ltd.

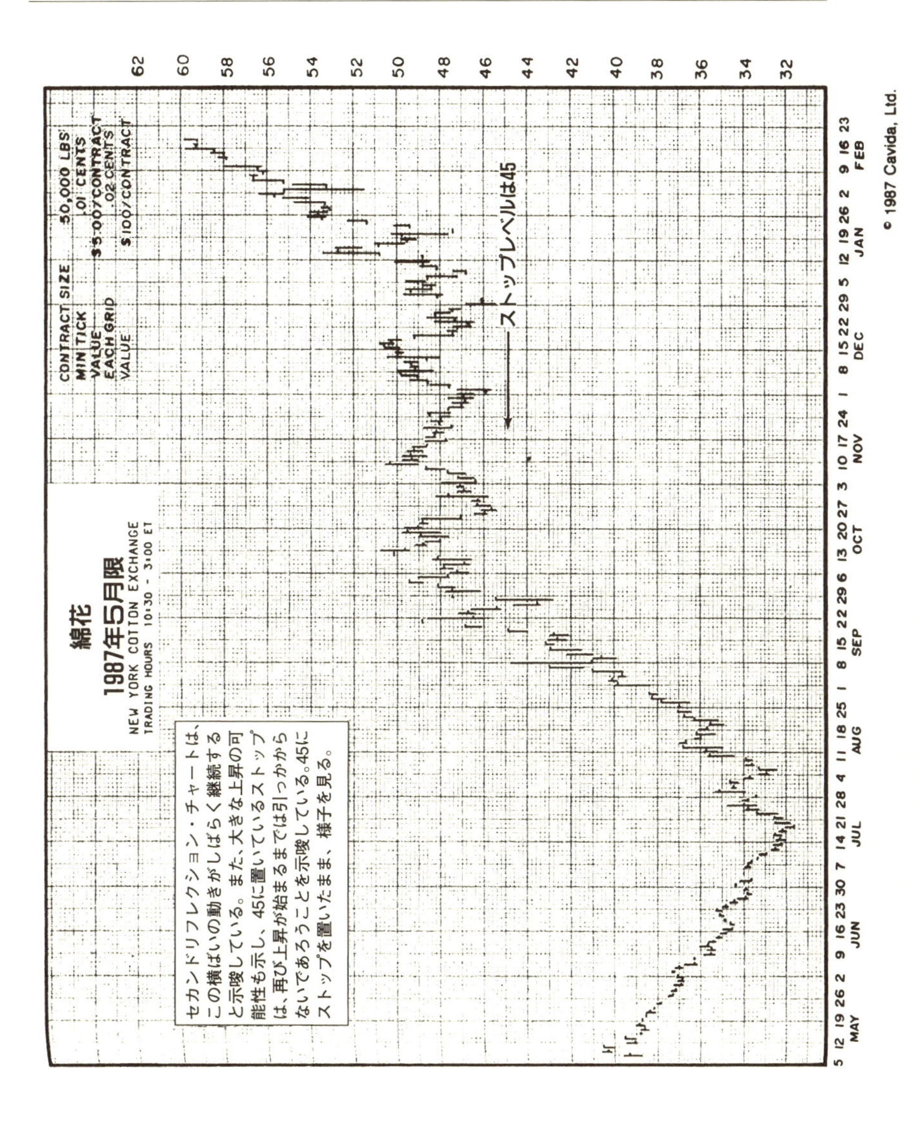

綿花
1987年5月限
NEW YORK COTTON EXCHANGE
TRADING HOURS 10:30 - 3:00 ET
CONTRACT SIZE 50,000 LBS.
MIN TICK .01 CENTS
VALUE $5.00/CONTRACT
EACH GRID .02 CENTS
VALUE $100/CONTRACT
セカンドリフレクション・チャートは、この横ばいの動きがしばらく継続すると示唆している。また、大きな上昇の可能性も示し、45に置いているストップは、再び上昇が始まるまでは引っかからないであろうことを示唆している。45にストップを置いたまま、様子を見る。
ストップレベルは45
62 60 58 56 54 52 50 48 46 44 42 40 38 36 34 32
5 12 19 26 2 9 16 23 30 7 14 21 28 4 11 18 25 1 8 15 22 29 6 13 20 27 3 10 17 24 1 8 15 22 29 5 12 19 26 2 9 16 23
MAY JUN JUL AUG SEP OCT NOV DEC JAN FEB
© 1987 Cavida, Ltd.

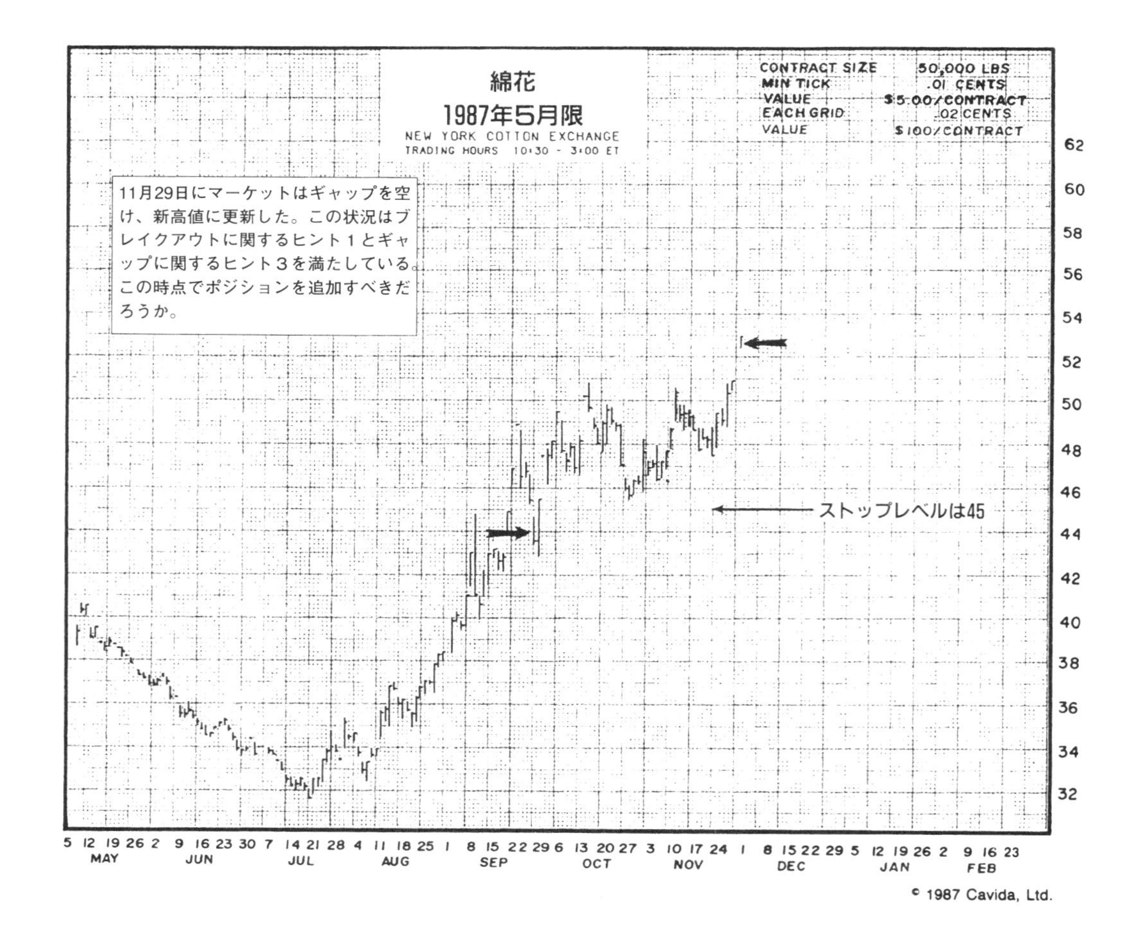
綿花
1987年5月限
NEW YORK COTTON EXCHANGE
TRADING HOURS 10:30 - 3:00 ET
CONTRACT SIZE 50,000 LBS
MIN TICK .01 CENTS
VALUE $5.00/CONTRACT
EACH GRID .02 CENTS
VALUE $100/CONTRACT
11月29日にマーケットはギャップを空け、新高値に更新した。この状況はブレイクアウトに関するヒント１とギャップに関するヒント３を満たしている。この時点でポジションを追加すべきだろうか。
ストップレベルは45
62
60
58
56
54
52
50
48
46
44
42
40
38
36
34
32
5 12 19 26 2 9 16 23 30 7 14 21 28 4 11 18 25 1 8 15 22 29 6 13 20 27 3 10 17 24 1 8 15 22 29 5 12 19 26 2 9 16 23
MAY JUN JUL AUG SEP OCT NOV DEC JAN FEB
© 1987 Cavida, Ltd.

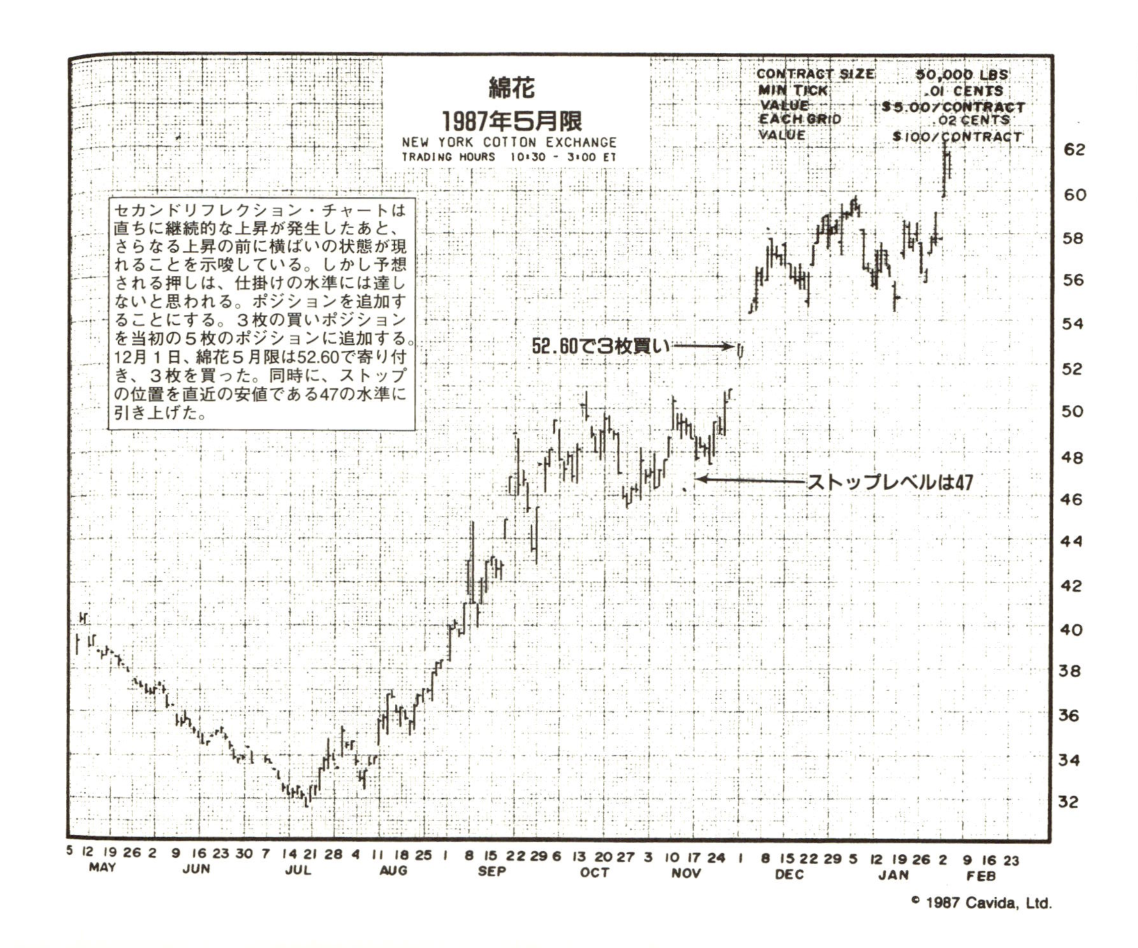

セカンドリフレクション・チャートは直ちに継続的な上昇が発生したあと、さらなる上昇の前に横ばいの状態が現れることを示唆している。しかし予想される押しは、仕掛けの水準には達しないと思われる。ポジションを追加することにする。３枚の買いポジションを当初の５枚のポジションに追加する。12月１日、綿花５月限は52.60で寄り付き、３枚を買った。同時に、ストップの位置を直近の安値である47の水準に引き上げた。

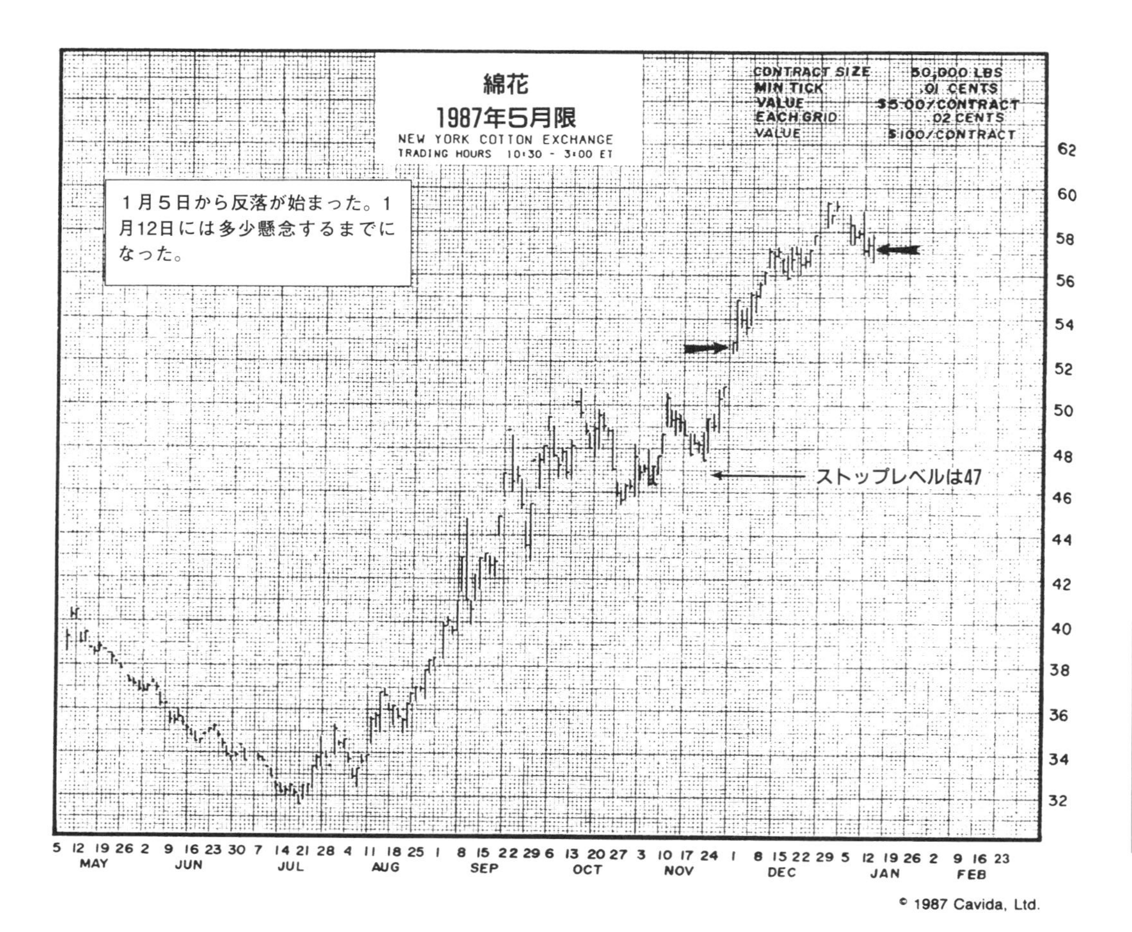

綿花
1987年5月限
NEW YORK COTTON EXCHANGE
TRADING HOURS 10:30 - 3:00 ET
CONTRACT SIZE 50,000 LBS
MIN TICK .01 CENTS
VALUE $5.00/CONTRACT
EACH GRID .02 CENTS
VALUE $100/CONTRACT
１月５日から反落が始まった。１月12日には多少懸念するまでになった。
ストップレベルは47
62
60
58
56
54
52
50
48
46
44
42
40
38
36
34
32
5 12 19 26 2 9 16 23 30 7 14 21 28 4 11 18 25 1 8 15 22 29 6 13 20 27 3 10 17 24 1 8 15 22 29 5 12 19 26 2 9 16 23
MAY JUN JUL AUG SEP OCT NOV DEC JAN FEB
© 1987 Cavida, Ltd.

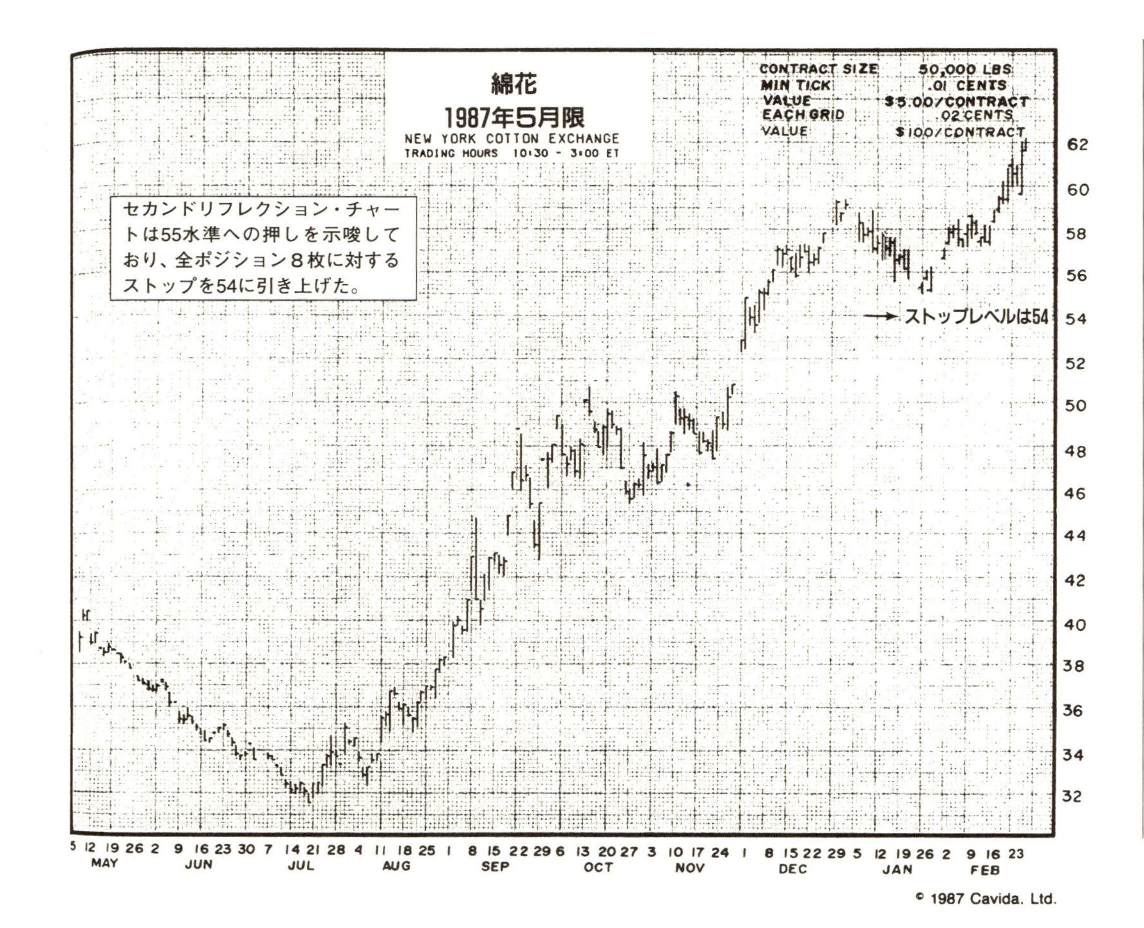
綿花
1987年5月限
NEW YORK COTTON EXCHANGE
TRADING HOURS 10:30 - 3:00 ET
CONTRACT SIZE 50,000 LBS
MIN TICK .01 CENTS
VALUE $5.00/CONTRACT
EACH GRID .02 CENTS
VALUE $100/CONTRACT
セカンドリフレクション・チャートは55水準への押しを示唆しており、全ポジション８枚に対するストップを54に引き上げた。
→ストップレベルは54
62
60
58
56
54
52
50
48
46
44
42
40
38
36
34
32
5 12 19 26 2 9 16 23 30 7 14 21 28 4 11 18 25 1 8 15 22 29 6 13 20 27 3 10 17 24 1 8 15 22 29 5 12 19 26 2 9 16 23
MAY JUN JUL AUG SEP OCT NOV DEC JAN FEB
© 1987 Cavida. Ltd.

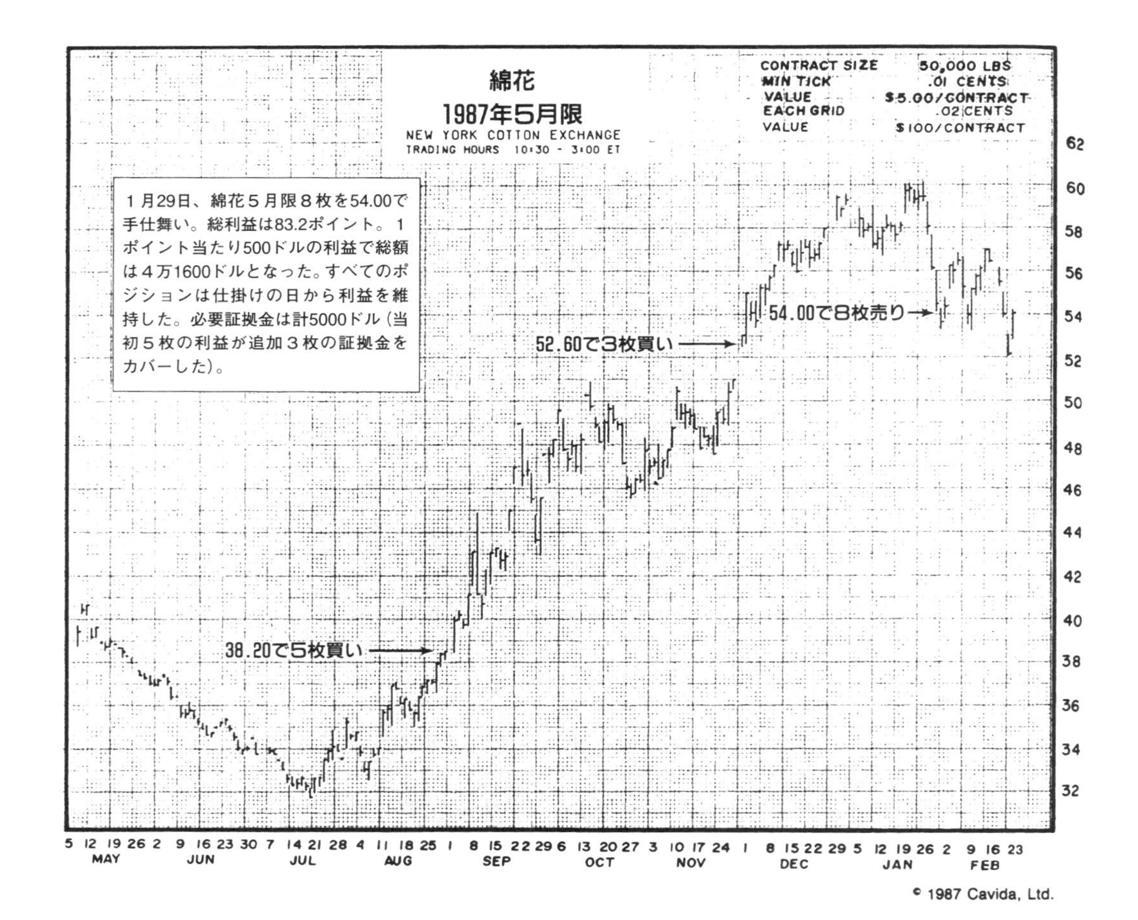
綿花
1987年5月限
NEW YORK COTTON EXCHANGE
TRADING HOURS 10:30 - 3:00 ET
CONTRACT SIZE 50,000 LBS
MIN TICK .01 CENTS
VALUE $5.00/CONTRACT
EACH GRID .02 CENTS
VALUE $100/CONTRACT
1月29日、綿花5月限8枚を54.00で手仕舞い。総利益は83.2ポイント。1ポイント当たり500ドルの利益で総額は4万1600ドルとなった。すべてのポジションは仕掛けの日から利益を維持した。必要証拠金は計5000ドル（当初5枚の利益が追加3枚の証拠金をカバーした）。
38.20で5枚買い
52.60で3枚買い
54.00で8枚売り
62 60 58 56 54 52 50 48 46 44 42 40 38 36 34 32
5 12 19 26 2 9 16 23 30 7 14 21 28 4 11 18 25 1 8 15 22 29 6 13 20 27 3 10 17 24 1 8 15 22 29 5 12 19 26 2 9 16 23
MAY JUN JUL AUG SEP OCT NOV DEC JAN FEB
© 1987 Cavida, Ltd.

第27章

第26章の復習

第26章におけるアダムセオリーの使用方法について、簡単に復習することにしましょう。

①仕掛けのきっかけとなったのはヒント２とヒント３。
②底での買いは考えない。取引の開始は、これらのヒントが満たされるとともに、ダブルリフレクション・チャートでは、押しがなくても、仕掛けのポイントに達したら仕掛けることを示唆している。
③ポジションを作った段階ではセカンドリフレクション・チャートはストップロスを置くことを示唆していなかったことから、最初のストップは直近の安値をベースに設定する。
④マーケットの動きに反応する場合、ストップの位置をダブルリフレクション・チャートが示唆するラインの下に移動させる。ストップの位置については、そのままか、トレードと同じ方向への移動のどちらかに限定する。
⑤増し玉は、最初の仕掛けと同じ基準に基づいて実行する。
⑥トレンドがはっきりしているマーケットとちゃぶついたマーケットを経験。セカンドリフレクション・チャートのラインは、われわれに予想されるマーケットの動きを示唆するとともに必要な自信を与

えてくれたことから、トレンドが戻るまでのちゃぶついたマーケットを切り抜けることができる。
⑦底で仕掛け、天井で仕切ったわけではない。その中間部分50％を得ることができる。トレードにおいては正しい行動である。

われわれのポジションが一時も損失を抱えていなかったことに注目してほしい。それは重要すぎることではないかもしれないし、常に維持できることでもないでしょう。重要な点は、ほかのトレーダーは、われわれが仕掛けたポイントでポジションを作る勇気がなかっただろうということです。ほかのトレーダーにとっては、危険すぎると感じられるポイントだったでしょう……。

あのような急激な上昇のあとでは、深い押しが入ってもおかしくはないということです。賢明な行動は、修正が入るのを見極めることです。すぐに修正が入らないような場合は、天井を付けるのを待つべきです。なぜなら下落の動きは速く、利益を生むからです。

アダムセオリーは、速度が速く現在に近いほど対称性が強いことを知っています。西に向かって速度を増している汽車に飛び乗ることが、出発点から西に行くための確かで安全な方法なのです。

第28章

トレード規則の10カ条

アダムセオリーの適用方法について、次の例に入る前に、トレードにおいて正しい行動をとるために本書で述べてきたことを要約することにします。

アダムセオリーはトレードにおける地図を提供してくれるものです。どこに向かっているのか、どこを通っていくのかを示してくれるものです。どこにストップを置くべきか、何が起ころうとしているのかを示してくれます。プランに従って行動する自信を与えてくれるのです。

ここではアダムセオリーを要約するのではなく、アダムセオリーを正しく適用する方法について要約することにします。

トレードにおいて正しい行動をとるために今まで述べてきたことに関して、ジム・スローマンは10の規則を提案しています。トレードにおいて、この規則がいかに重要であるのか、強調しすぎることはありません。

10カ条は見開きページに収まるようにしてあります。ぜひコピーして、トレードに使用する電話の脇などの身近な場所に置いてください。この10カ条のうちの１つにでも反する注文は出さないでください。

トレードの基本ルール

①負けポジションの追加やナンピンを**けっしてしてはならない。**

②もし間違った場合には手仕舞いできるためのストップを置くことではなく、新規や追加のポジションを**取ってはならない。**

③ストップロスのキャンセルや、トレードと同じ方向以外への移動は**けっして行ってはならない。**

④許容できるわずかな損失を大きな破滅的な損失に**してはならない。**負けポジションを手仕舞いして、別の機会に戦わなければならない。

⑤１取引ないしは１日の取引によって、トレード資産の10%以上を**失ってはならない。**

⑥**底や天井を拾おうとしてはならない。**アダムセオリーは底や天井においては常に誤っており、それを拾おうとするトレーダーも誤ることになる。アダムセオリーが機能しないのは、唯一、底か天井が形成された場合である。

⑦**貨物列車の前で立ち止まってはならない。**マーケットが一定方向に猛進している場合、その動きがすでに反転したという確固たる証拠（将来に起こり得るということではなく、すでに反転したということ）を得るまで、その動きに逆らってはならない。

⑧**柔軟であること。あなたの判断、アダムセオリー、そしてこの世のすべてが誤っていることがある**という事実を忘れてはならない。アダムセオリーは高い確率を示しているが、絶対的な確実性を保証するものではない。

⑨**マーケットがちゃぶついているときは、トレードをやめるべきである。**負けが続いているときは、しばらくマーケットから離れることだ。冷静さを取り戻し、頭をクリアにすべきだ。

⑩あなた自身がマーケットで利益を上げることを望んでいるのかどうか自問し、その解答に注意深く耳を傾けるべきだ。損失を出さなけ

ればならない精神的な必要性を持つ人もいれば、単に行動を楽しみたい人もいる。**自分自身が何者であるかをよく知らなければならない。**

第29章

10カ条の解説

①負けポジションの追加やナンピンをけっしてしてはならない。

含み益がある場合、その時点ではあなたの判断は正しいのです。含み損がある場合、その時点ので判断は誤っているのです。判断が誤っている場合、唯一の問題は、「どれくらいの期間誤っていてよいのか」ということです。その問いに対する唯一の解答は、「勝ちトレードに転じるか、ストップに引っかかり手仕舞うまで」ということです。単純なことです。誤っている場合、その誤りを拡大する方法が２通りだけ存在します。１つ目は、ナンピンすること。２つ目はルール３で述べられていることです。

②もし間違った場合には手仕舞いできるためのストップを置くことではなく、新規や追加のポジションを取ってはならない。

仕掛ける前に、あらかじめどのくらいの期間引かされている覚悟があるのかを決めておくべきです。別の言い方をすれば、「この取引でどれくらいの損失を出す覚悟があるのか」ということです。この問題は、客観的に判断するために、仕掛ける前に決めておくべきです。仕掛けたあとは、もう客観的な立場ではいられないということです。ポジションを取り、マーケットと深くかかわった段階で、期待感は冷静で計算された客観性と戦っているのです。精神的なストップロスポイントなどあり得ないのです。ストップロス注文を実際にマーケットに置かないかぎり、それはストップロスではないのです。

③ストップロスのキャンセルや、トレードと同じ方向以外への移動はけっして行ってはならない。

トレードと逆の方向にストップを移動しようと考えるのは、トレードが負け取引でマーケットが逆に動いている状態のときだけです。定義上、この時点であなたの取引は誤っているのです。その誤りを拡大する２つ目の方法は、その取引によってさらに損失が拡大するようにストップを移動することです。真に客観的であり得たのは、取引を執行する前にストップの位置を決定したときであることを忘れないでください。ストップの位置を移動するということは、期待感が冷静で計算された客観性を圧倒しているということであり、それはあなたがもはや合理的なトレーダーとしては機能していないことを意味します。恐怖は時には役に立つことがあります。貪欲さは障害になることがあります。しかし、願望が圧倒的に支配された場合、願望が破局へと導くのです。

④許容できるわずかな損失を大きな破滅的な損失にしてはならない。負けポジションを手仕舞いして、別の機会に戦わなければならない。

大きな破滅的な損失は、この10のルールのうちのどれか１つを一度、ただ一度だけ無視することによって起こるのです。あなたのその一度の行いは、あなたを打ちのめすために市場が大きく反対に動くまさにそのときに行われると、マーフィーの法則では言っています。マーフィーの法則を責めても意味はありません。本当の解答は、マーケットとは恐ろしい敵であり、リングの上で対戦する剣闘士なのです。剣闘士同様、マーケットはあなたが犯すすべての過ちを利用しようと手ぐすね引いて待っているのです。あなたがガードをひとたび下げるなり、彼はあなたの急所を鋭く突き刺し、あなたは多くの血を流すことになるのです。この10のルールに従い、いつもガードを高くしている多くの優秀なトレーダーたちが、ただ一度だけ自分の判断に過剰な自信を持ってしまい、ガードを下げ、このルールのいずれかを破り、期待に依存し、結果として多くの血を流してしまうのです。１年以上かけて蓄積したものが、あっという間に失われるのです。私自身を含め、ほんの一度だけガードを緩めたことが原因で、すべてを失ったトレーダーをたくさん知っています。ピンを刺して出血多量で死ぬ人はいません。ピンの刺し傷は致命傷にはならないのです。深手を負うことが恐ろしいのです。ロスを注意深く監視することです。利益は自らを管理してくれます。

⑤１取引ないしは１日の取引によって、トレード資産の10％以上を失ってはならない。

最初の４つのルールを守っても、まだ傷つくことがあります。１つは、あまりに多くのポジションを抱え、かなり近い位置にストップロスを置いたとしても、多くのポジションが負けトレードとなった場合、資産の10％以上を１日で失うことがあります。これは、ポジションを過剰に持つことが原因です。買ったものすべてが値を下げ、売ったものすべてが値を上げることがあるのです。トレードは楽しいものであることを思い出してください。深刻になるほどの大きすぎるリスクをけっして一度にとってはいけないのです。

⑥底や天井を拾おうとしてはならない。アダムセオリーは底や天井においては常に誤っており、それを拾おうとするトレーダーも誤ることになる。アダムセオリーが機能しないのは、唯一、底か天

井が形成された場合である。

ほとんどのトレーダーは天井と底をつかもうとします。そのほとんどのトレーダーは負けます。天井と底をつかもうとする理由は２つあります。それは自己満足と欲望です。天井と底をつかむ確率はラスベガスで「ワンアームド・バンディット（スロットマシンの一種）」で儲けるよりはるかに低いのです。だれもがそのことを知っています。敵もそれをよく知っているのです。敵はたまに天井や底をつかまえさせて、私たちが常にそれを試みるようにと仕向けているのです。でも、それは鋭い読みによって、大豆を大底で買うことができたと友人に言うための自己満足的な行為にすぎないのです……自己満足です。１日（１分、１時間、ないしは何でもかまいませんが）の安値で買い、高値で売れたことが何回あるのでしょうか。

マーケットの転換を告げる確証を待つのです。確認するまで、どんな利益を逃すというのでしょうか……それはあなたの貪欲さだけです。待たないために、どれほどの損失を出したのでしょうか。これまでの５つのルールを守ったところで、このルールを守らないかぎりマーケットに負けることになります。

⑦貨物列車の前で立ち止まってはならない。マーケットが一定方向に猛進している場合、その動きがすでに反転したという確固たる証拠（将来に起こり得るということではなく、すでに反転したということ）を得るまで、その動きに逆らってはならない。

買われ過ぎでこれ以上上昇できないマーケットなどないのです。また、売られ過ぎでこれ以上下落できないマーケットもないのです。これは敵が仕掛けたがるワナです。強い方向性を持ったマーケットのチャートを５歳の子供に見せて、翌日どっち向きにトレードするのか聞いてみてください。その子は買われ過ぎも売られ過ぎも、サポートやレジスタンス、洗練されたテクニカル分析もいっさい知りません。高値や安値がどのように推移しているかなども知りません。トレーダーとしての経験もありません。彼（彼女）はどっち向きのトレードをしたいというのでしょうか。そのように単純なことなのです。貨物列車の前で止まるのではなく、それに乗っていくのです。

⑧柔軟であること。あなたの判断、アダムセオリー、そしてこの世のすべてが誤っていることがあるという事実を忘れてはならない。アダムセオリーは高い確率を示しているが、絶対的な確実性を保証するものではない。

成功すればするほど、柔軟性の欠如に陥りやすくなります。勝ちトレードが数回連続するとポジションを倍にしたり、頑固になるでしょう。敵であるマーケットは、それを待っているのです。敵はトレーダーが積み上げた利益に加え、新たな血を取り戻すのです。確率で取引しているのであって、絶対的なものを扱っているのではないことを常に思い出してください。

⑨マーケットがちゃぶついているときは、トレードをやめるべきである。負けが続いているときは、しばらくマーケットから離れることだ。冷静さを取り戻し、頭をクリアにすべきだ。

ほとんどのトレーダーが負ける理由のひとつは、最も安易な近道を通ろうとすることです。それは規律のない道筋のことです。損失を出して、資産が大きく落ち込んだ場合、ポジションを手仕舞い、しばらくマーケットから離れるということは容易なことではありません。そのようなときに陥りやすいのは、そのままマーケットにとどまり持ち直すまで戦い続けたあとに、しばらく休むということです。最近の行動がすべて誤りであったと認めたくはないのです。戦いはまだ終わってない、これは単に一時的な敗北だと自分に言い聞かせているのです。前回はすぐに持ち直したではないか、また同じことができるはずだ。

今、やめることは敗北を意味し、少ない資産からやり直さなければならない。

敵はこのような心理状態のトレーダーをもてあそぶのが大好きです。トレーダーは不利な状況にいます。トレーダーは早く持ち直そうというプレッシャーによって、客観的であることが非常に難しい状態にあります。普段なら考えもしない危険なことをするようになります。負けたとはまだ認めたくないのです。そうなったら、10のルールについても、おろそかになることでしょう。トレーダーは気がつかないうちに、本当に勝つという心理状態ではなくなってしまうのです。いまや彼は勝てることを祈っているのです。このような状態でマーケットから手を引き、相場から離れ、負けを認めることは困難です。しかし、そのようなトレーダーが勝てない理由はまさにそこにあるのです。それは最も厳しい道のりとなるのです。

⑩あなた自身がマーケットで利益を上げることを望んでいるのかどうか自問し、その解答に注意深く耳を傾けるべきだ。損失を出さなければならない精神的な必要性を持つ人もいれば、単に行動を楽しみたい人もいる。自分自身が何者であるかをよく知らなければならない。

マーケットでトレードを行う本当の理由が1年の終わりに利益を上げることであるなら、遅かれ早かれ利益を上げられるか否かは10のルールに従うことができるか否かにかかっていることは理解できるでしょう。そしてどれくらいの利益を実現できるかということは、トレードの仕掛けと手仕舞いの方法によるのです。

自分に対しその質問をし、解答を注意深く聞けば、この10カ条の重要性に気がつくはずです。この10カ条はアダムセオリーと同じくらいに価値があることに気がつくはずです。アダムセオリーやほかのものを用いただけでは勝者になれないことに気がつくはずです。アダムセオリーはポジションを建てる理由を提供するだけです。理由は市場が一定の方向に一定の期間動く可能性が高いということです。

10の基本ルールをトレードの基本としないかぎり、アダムセオリーであれ何であれ、一貫して利益を生むことなどできないのです（明日付けのウォール・ストリート・ジャーナルはどこにもないのですから）。この事実を理解したときに、本当の利益を生み出すことができるのです。

あなたはそれを実現することによって、上の事実を知ることができるでしょう。

★★★★★

それでは、アダムセオリーを株式に応用してみましょう。アダムセオリーを説明しやすいように、1986年６月から1987年２月の期間のイーストマン・コダック株を選びました。

予想すべき時間枠とセカンドリフレクション・チャートのラインは、左右の両端に上向き矢印（第31章のコーヒーは下向き矢印）のある右端から右の部分になります。

第30章

取引例――イーストマン・コダック

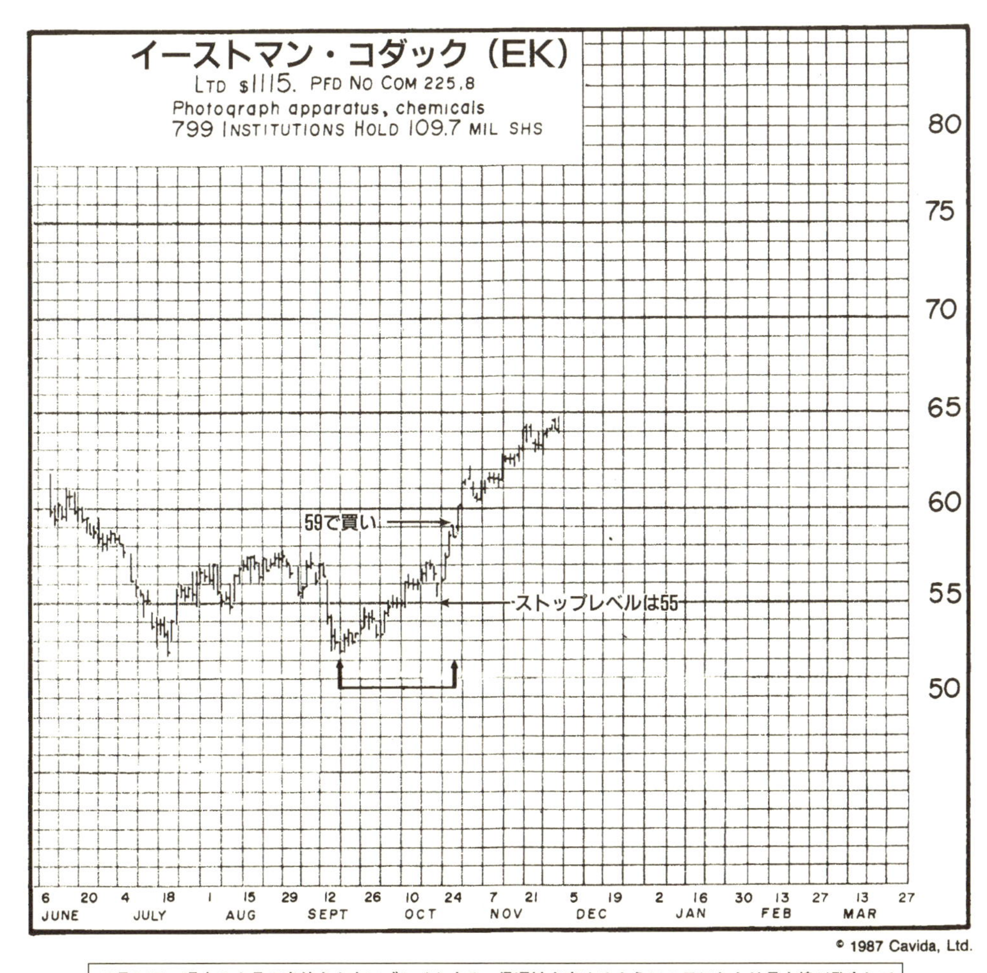

10月24日、過去３カ月の高値を上方にブレイクする。信憑性を高めるように２日にわたり長大線が発生している。この新たな上昇トレンドで発生した過去５つの高値をブレイクすると同時に、直近の最安値以前の３カ月間における高値をすべて更新している。ヒント１とヒント３が確認された。セカンドリフレクション・チャート（10月24日以降のチャート）は、上昇トレンドが当分継続することを示唆するとともに、押しは現状の価格水準に達しないことを示唆している。翌日、59で買い、ストップを直前の押しのすぐ下の55に置く。

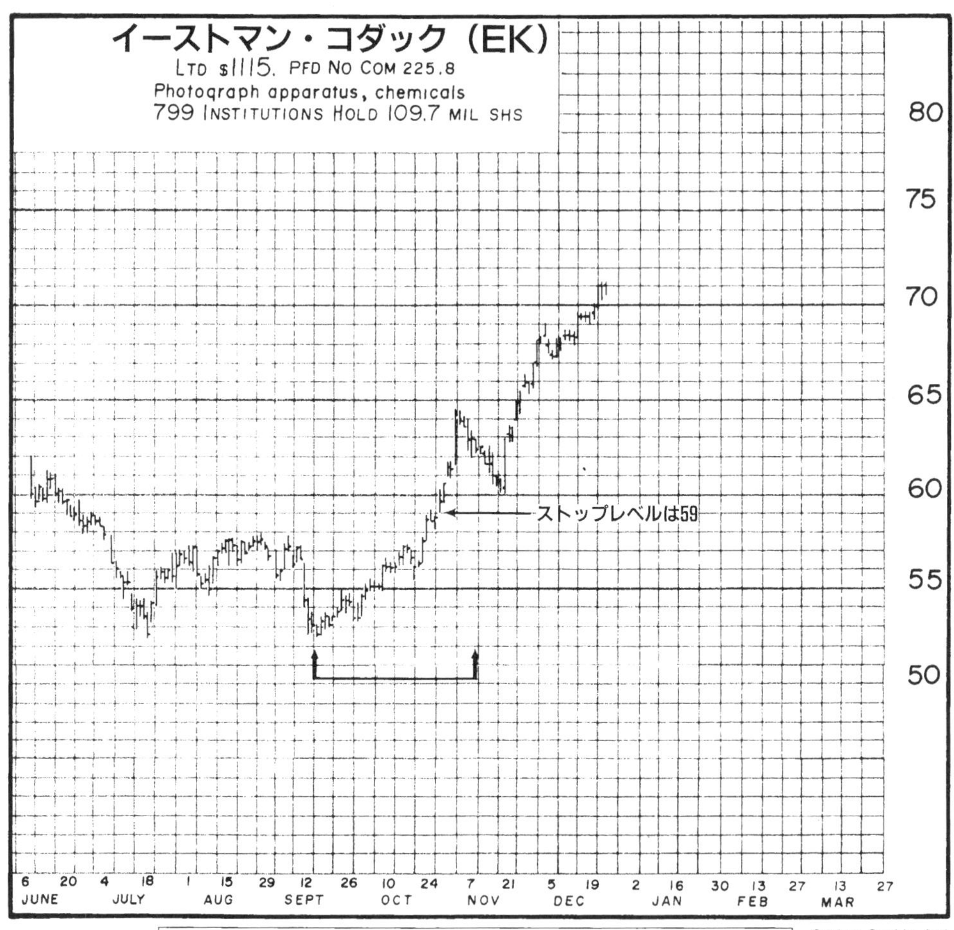

11月10日、62近辺での安値を付けたことによって、最初の押しが終了。この安値に基づくセカンドリフレクション・チャート（11月10日以降のチャート）は、可能な押しは60を割らない水準になると示唆。よって、ストップをこの予想値のすぐ下の59の水準に引き上げる。セカンドリフレクション・チャートは、その後、引き続き上昇することを示唆している。

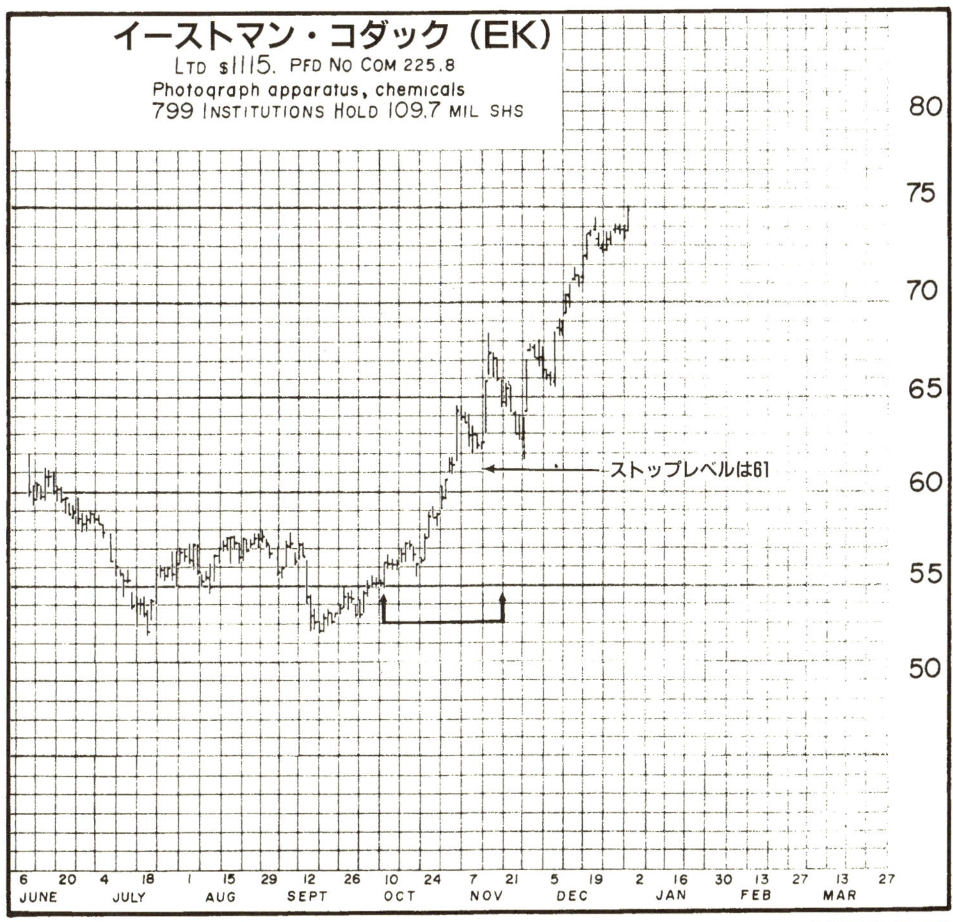

11月18日、64近辺で安値を付けて次の押しが終息。セカンドリフレクション・チャート（11月18日以降のチャート）は、61.50を割って押すことはないと示唆しており、ストップを61の水準に引き上げる。

11月30日、次の押しが終息し、セカンドリフレクション・チャート（11月30日以降のチャート）は、マーケットは64.50以上で推移する可能性が高いことを示唆している。ストップを64に引き上げる。

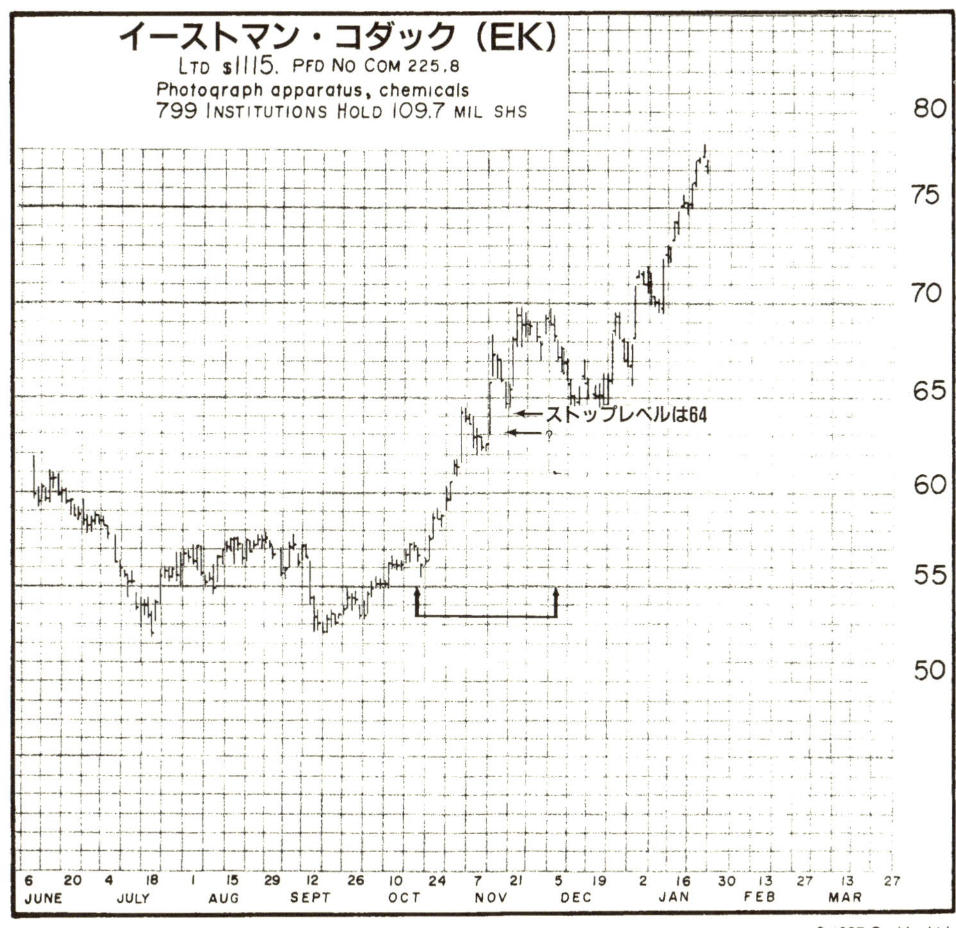

12月６日、大きな押しが入る。セカンドリフレクション・チャート（12月６日以降のチャート）はマーケットは63以上の水準での推移を示唆しているが、64に置いてあるストップを割る可能性が生じた。ストップを63に下げるべきだろうか。その答えはすでに知っているはず。

マーケットは順調に上昇し、動きが活発になり、そして２月７日の大きな押しが発生した。セカンドリフレクション･チャート（２月７日以降のチャート）はマーケットは72以上の水準での推移を示唆している。ストップを71に引き上げる。

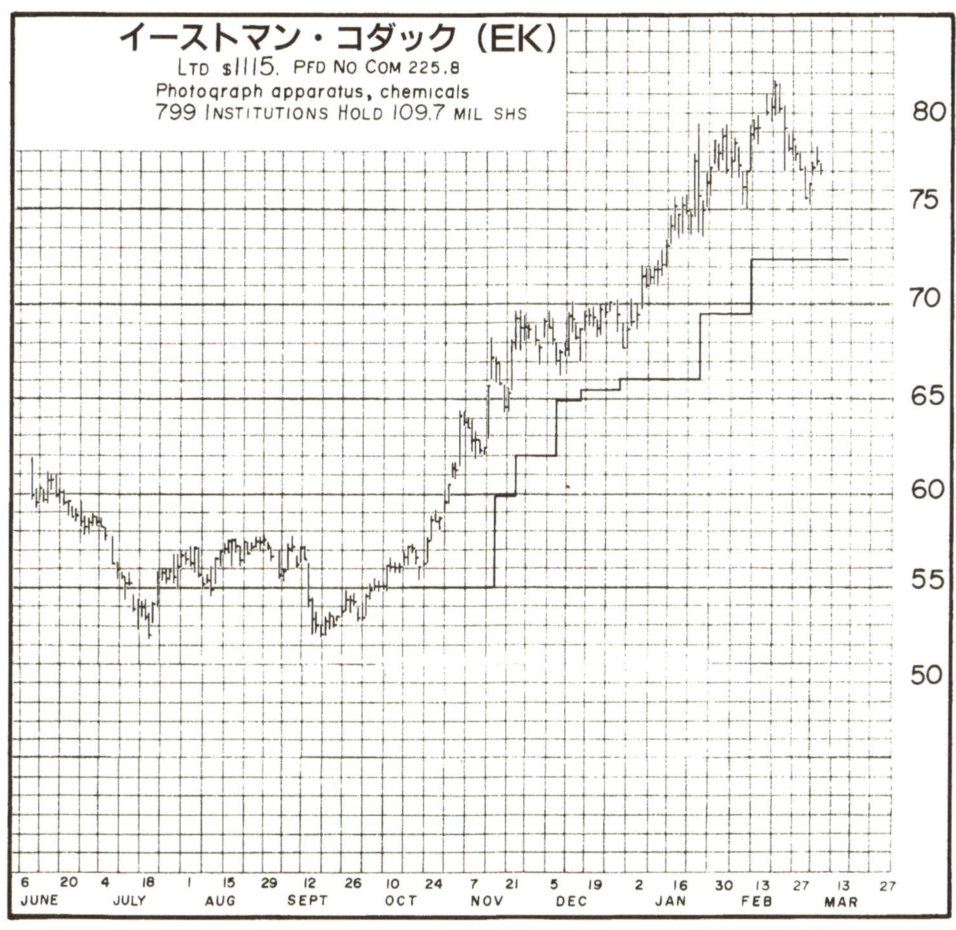

自分で望まないかぎり、セカンドリフレクション・チャートを毎日更新する必要はない。マーケットがトレードと同じ方向に動いているかぎり、新たなストップを示すことはない。しかし、トレードの方向と反対に押しが入った場合、新たなラインが引かれなければならない。押しで安値を付け、再び上昇し始めた段階で、新たな水準にストップを置く。予想された押しに対し、静観したくないと考えることがある。その場合、自分が納得できる位置にストップを移動すべきだ。セカンドリフレクション・チャートをもとに、いつでも市場に戻れることを思い出してもらいたい。

第31章

取引例――コーヒー

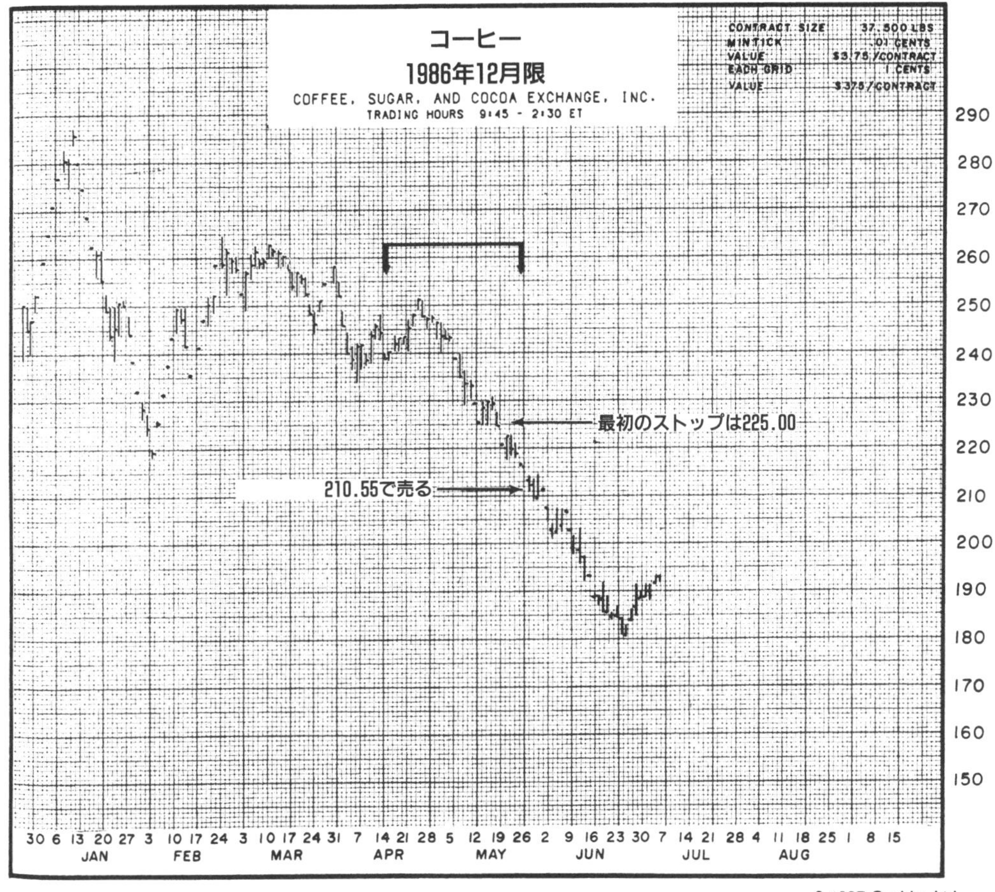

最後に下げ相場におけるアダムセオリーを例証する。5月中旬までに、このマーケットは大きく下げており、ほとんどのトレーダーは安い買い場と感じており、ダブルボトムが形成されると考えていた。すると、ギャップを空けて前回の最安値を割る動きとなった。ヒント１とヒント３が満たされた。5月28日の寄り付きの210.55でショートポジションを作る。最初のストップは、直近の高値のすぐ上の225.00に置く（セカンドリフレクション・チャートは5月27日以降）。

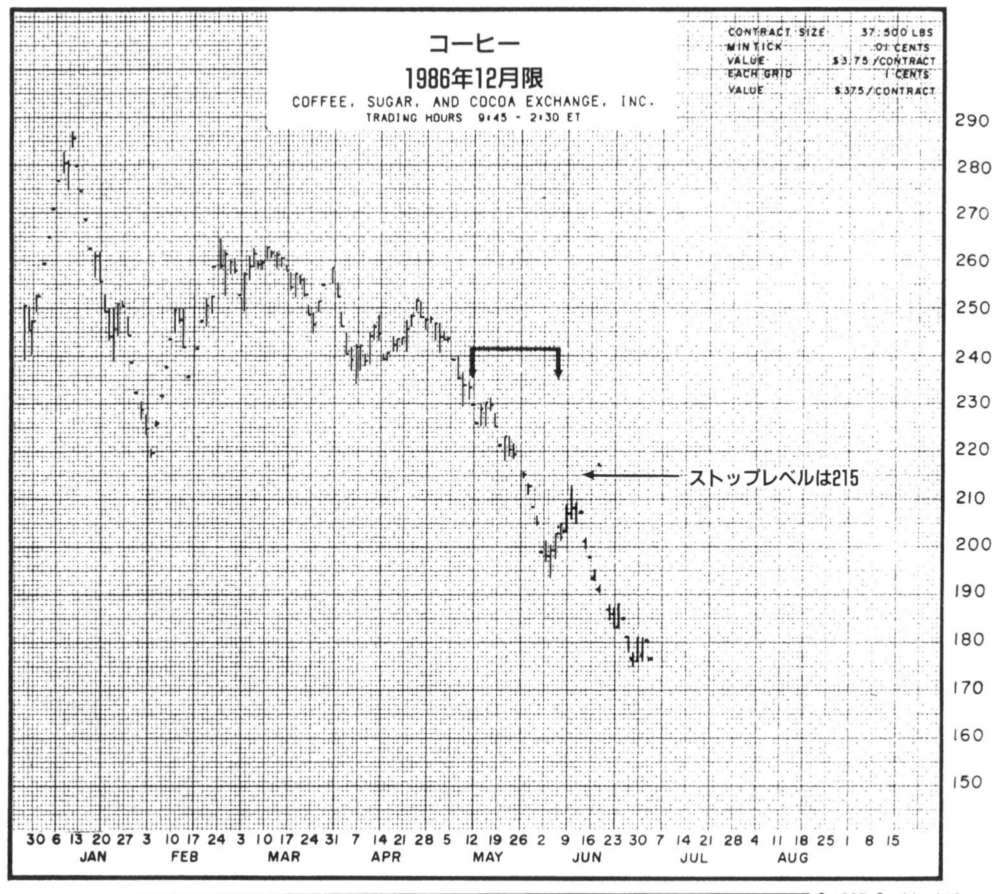

最初の戻りが６月６日に発生したあと、マーケットは再びギャップを空けて下落した。セカンドリフレクション・チャート（６月６日以降のチャート）は212でのストップを示唆していることから、ストップを215に引き下げた。

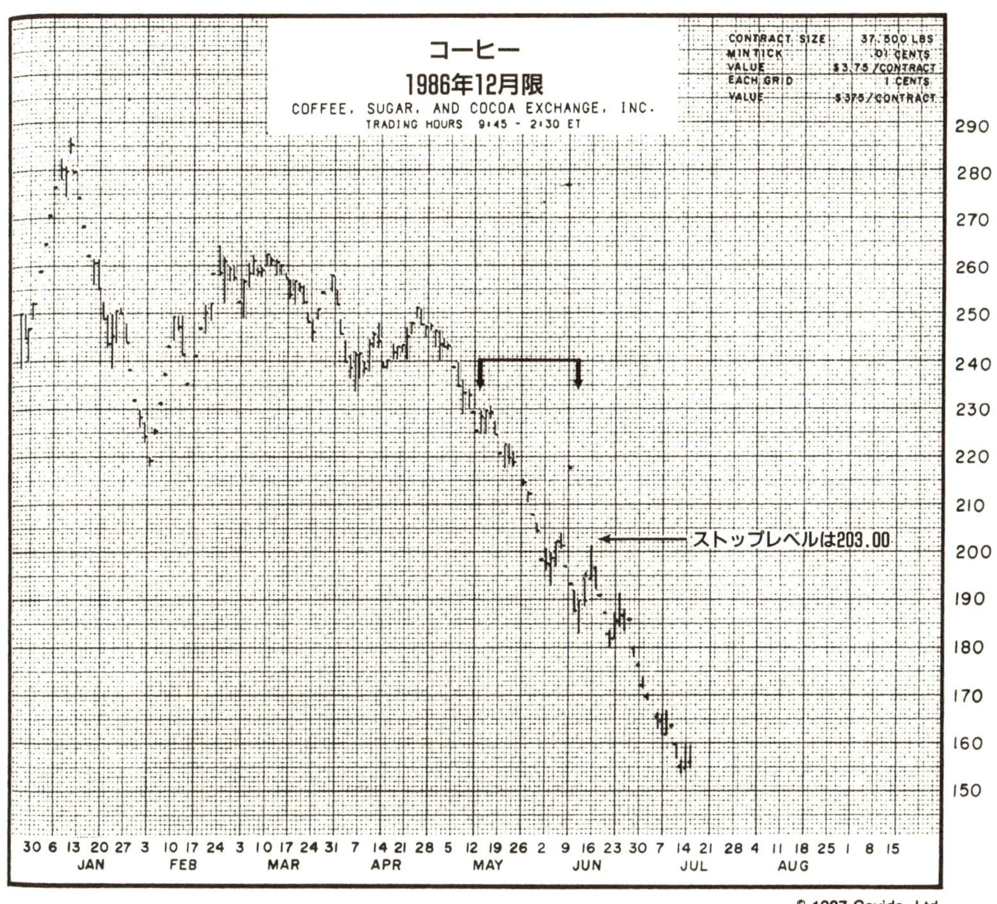

次の戻りは６月13日に発生した。セカンドリフレクション・チャート（６月13日以降のチャート）は200までの戻りを示唆しており、ストップを203に引き下げた。同様に、次の戻りが予想されていることに気づいてもらいたい。

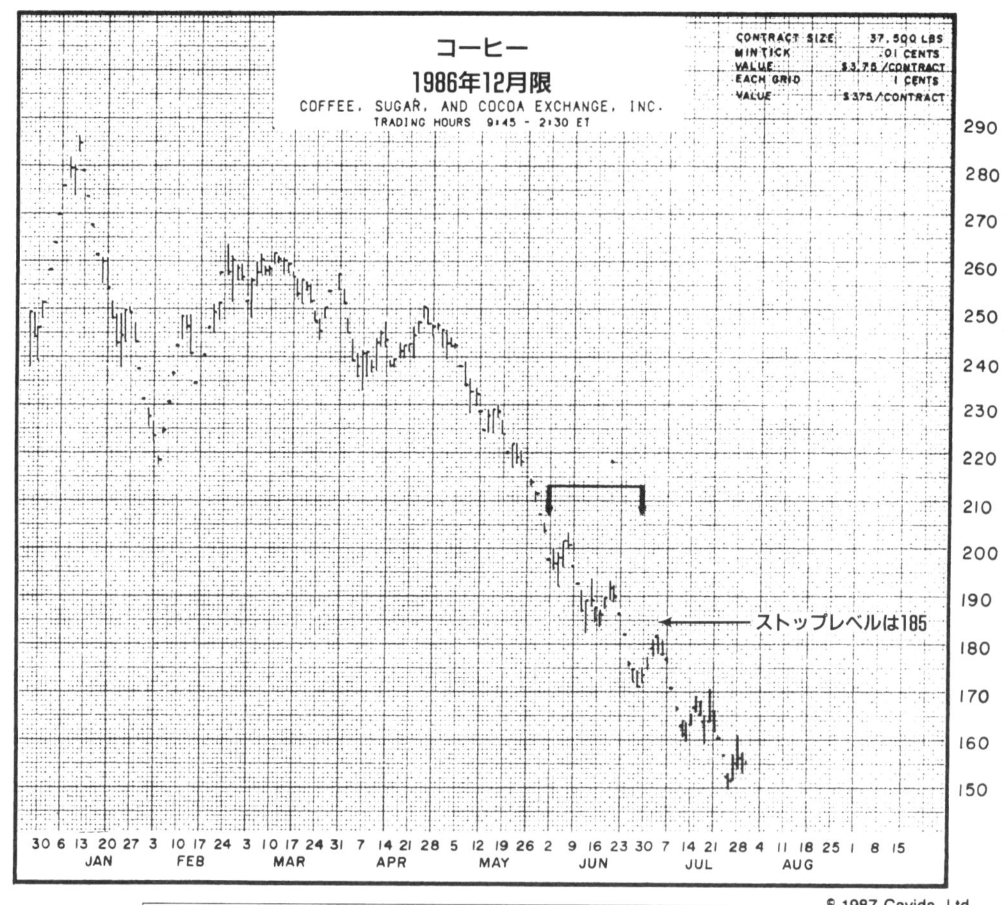

次の戻りは７月１日に発生し、182までの戻りが示唆された。ストップを185に引き下げた（セカンドリフレクション・チャートは７月１日以降のチャート）。

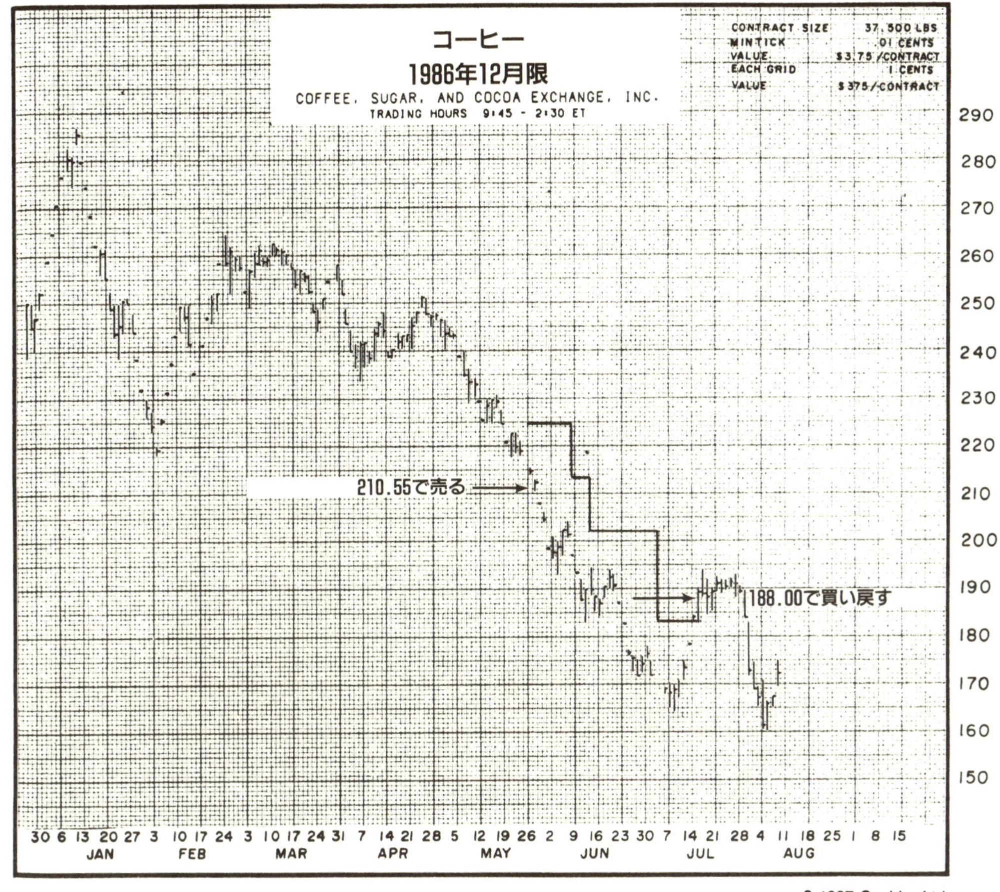

マーケットは７月９日に底を付け、７月16日の寄り付きで188のストップが執行された。われわれは天井で市場に参加したわけではない、実際は天井からほど遠い位置から仕掛けた。さらに、底でポジションを手仕舞いしたわけではない。しかし、１枚につき、22.55ポイント、金額にして8456.25ドルを稼いだ。これは、平均的なトレーダーにとって危険な取引と見えただろうか。おそらくそうだろう。アダムセオリーにとって、これは最も安全なトレードだったといえる。

第32章

視覚化

1980年代初頭のある日、ジム・スローマンはノースカロライナ州のダラムの街を歩いていました。彼はちょうど『ナッシング（Nothing）』という特徴的なタイトルの本を書き上げたところでした。彼は２年ほどの時間と努力と資金を費やして、その本を執筆し発行したのでした。手元に残っていたのはポケットに入っているわずかな現金だけで、銀行の口座には１セントも残っていませんでした。しかし、彼は気にしませんでした。実際、彼はかなり幸福でした。なぜでしょうか。

スローマンは視覚化と呼ばれるものを見いだしたのです。彼は近いうちにシカゴで商品トレーダーになり、ミシガン湖畔の美しい家に住んでいる自分の姿を見ていたのです。

それからそう遠くない時期に、スローマンはシカゴ商品取引所（CBOT）を見上げていました。彼は12人ほどのトレーダーを集めている人物に出会いました。素晴らしいトレーダーもいれば、そうでもないトレーダーもいました。全員が市況を伝える複数の端末が置いてある大きな丸テーブルに集まり、先物市場で取引するのです。目的は２つありました。まず、だれもがほかのトレーダーからトレードについて何かを学ぶということです。そして、全員の取引量を合算することによって、ブローカーから手数料の割り引きを得るということでした。

間もなく、一見なんら関連のない出来事が続いたあと、彼はミシガン湖を見下ろす素晴らしいマンションに住んでいました。プライベートビーチを持つ唯一のマンションでした。

スローマンに最初に出会った日に、私たちは彼のマンションに行きました。「このような素晴らしいところにどうやって住めるようになったのか」と聞いたことを覚えています。

彼は「私はただミシガン湖を見下ろす美しい家に住んでいる自分を想像のなかで視覚化し、関連のないと思われる出来事が起こり、今ここにいるようになった」と答えたのです。

そのときは知る由もなかったことですが、数年後、私は１年間を通し、毎日一定の時間をトレードの視覚化に費やすようになっていました。

ここでトレードの視覚化はお金持ちになる確かな方法だと宣言し、触れ回るつもりはありません。しかし、あとで説明する視覚化の手法を１年前から始めて以来、以前はときどき犯していたトレードの大きなミスがなくなっているということがたしかに言えるのです。実際に、誤ったことをしようとすると、大変不快になるようになりました。例えば、私は仕掛けるときに、売買注文を入れ、それが執行されると同時にストップロス注文を入れています（ちなみに私はクリアリングハウスと直接取引します）。あるとき、自分がどう感じるかを試してみるために、ストップを置くタイミングを遅らせてみました。座って市況を示す端末をのぞきこんでいても、かなりの不快感を感じました。ストップを置くまで、落ち着くことができなかったのです。トレードを行うときに正しい行動をとるように条件づけられていたのです。

視覚化、そしてそのテクニックについては、何冊もの本が書かれていることでしょう。ここでは、私がスローマンから学んだトレードへの適用について、できるかぎり短く簡単に伝えることにします。

視覚化とは、心に何かを描くことです。その描写が何度も繰り返されるとき、それは潜在意識の中に入り込み、あなたの思考、行動、そして実現される事象に影響を及ぼすことになるのです。例えば、何年か前に私の体重が増えすぎてダイエットを始め、何をどれくらい食べたかを管理したことがありました。そして視覚化を知ってからは、毎朝ひげをそるときに、鏡の前でぜい肉が落ちてやせている自分を確認するのです。しばらくすると、このやせて締まった体のイメージが自分の潜在意識に入り込み、何をどのくらい食べたかなどまったく気にする必要がなくなったのです。食欲に影響はありませんでしたが、食べすぎるようなことはいっさいしなくなったのです。実際、私の心拍、呼吸、そしてすべての体の機能をつかさどる潜在意識は、体をスリムに保つために、必要に応じて新陳代謝までもコントロールしているようでした。

ともあれ、狙いは自分が望んでいることを心に描くということです。心は否定的なものを理解できないことから、描かれるものは肯定的なものでなければなりません。心への描写について、スローマンは次のように述べています。

●それぞれの描写に対し、適切な感情を感じるようにする。
●描写は鮮明で、きめ細かく、そして具体的なものにする。
●描写は、目的への手段ではなく、最終的な結果についてのものとする。
●「何が可能と考えるのか」ではなく、「自分が真に何を求めているのか」を問い続けることだ。何が可能だとか、何が合理的なのかについてはいっさい関知せずに、その問いに答えることだ。
●自分自身だけを描写することだ。他人がどうだとか、何をするといったことはけっして考えてはならない。
●言い回しも描写も肯定的なものとし、けっして否定的なものにしてはならない。
●継続的に毎日視覚化することが基本であることを忘れてはならない。

- 行き詰まらせてはいけない。ひとつの描写に20秒から30秒以上かけてはならない。鮮明に描写するのが難しい場合は30秒ほど全力を尽くし、次の描写に移ることだ。
- 毎朝、すべての描写を15分程度で終わらせることだ。
- 気が楽になるにつれて、自然に第三人称から第一人称に移すことだ。
- このプロセスの途中で邪魔が入らないようにすることだ。そして、このプロセスを終了しないうちはほかの活動を始めてはならない。
- 何よりも、感謝の気持ちを忘れずに、楽しく、陽気に自分の生活のプロセスを楽しむことだ。

★★★★★

以下は、私が１年以上も毎朝視覚化している11の描写です。あなたも自分自身のそれぞれの考えを描写してはどうでしょうか。アダムセオリーを実践している姿などです。創造力を働かせましょう。最も大切なのは、継続させること、そして楽しむことです。

①広く成功を収めたトレーダーであり、親しみやすく、楽しい自分になるために。

光景――伝説的なトレーダーとして自分のことが書いてある本を読んでいる自分の姿。

②マーケットに任せ、マーケットを反映し、マーケットに追従している自分になるために。

光景――素晴らしい結果を残すトレードを手仕舞いしている自分。正しいことをすべて行ったことに満足している自分の姿。

③（意見も偏見も持たず）虚心坦懐にマーケットを見る自分になるために。

光景――マーケットを見ながら、何の意見も持たないことに満足している自分の姿。

④目的地に向かって一番速く向かっている汽車に飛び乗る自分になるために。

光景——セカンドリフレクション・チャートを見ながら、すでに勢いよく上昇しているマーケットで買おうとしている自分の姿。

⑤誤った場合に小さな損失で手仕舞いができるストップロス注文を、常にそして素早く入れている自分になるために。

光景——仕掛けの注文を入れる電話で同時にストップロス注文を入れている自分の姿。

⑥高すぎる買いのポイント、安すぎる売りのポイントなどはけっしてないと思い出す自分になるために。

光景——マーケットが自分と同じ方向に新高値ないしは新安値を付け、ポジションを追加しようとしている自分の姿。

⑦大きな利益をもたらす取引を待つ間に、多くの小さな損失を出すことに喜びを感じられる自分になるために。

光景——ストップに引っかかり、正しい行動をとったことに満足している自分の姿。

⑧トレードと同じ方向にのみストップを移動するために、そして、利を伸ばすためにストップが執行されることのみによってポジションを手仕舞うために。

光景——電話をとり、ストップロス注文の移動を伝える自分の姿。もちろん、ストップロス注文が執行されるまでけっしてポジションを手仕舞わないことを知っている。

⑨ポジションの大きさとトレードの頻度を適切な水準に止めるために。

光景——持っているポジションに対し、リラックスして満足している自分の姿。

⑩トレードの勝ち負けに対し、いつもリラックスして平静でいるために。

光景——１週間の終わりに、成功したトレード、自分の行動、そして正しい行動をとった自分を思い、くつろいで満足している自分の姿。

⑪トレードの利益目標を達成するために。

光景——10万ドルの資本で始め、次々に次の目標に達している自分の姿。次の目標値に集中し、達成済みの目標は消去する。

当初資産	Ａ．	10万ドル
	Ｂ．	15万ドル
	Ｃ．	22.5万ドル
	Ｄ．	35万ドル
	Ｅ．	50万ドル
	Ｆ．	70万ドル
	Ｇ．	100万ドル
	Ｈ．	150万ドル
	Ｉ．	225万ドル
	Ｊ．	350万ドル
	Ｋ．	500万ドル

第33章
遊び心を持った先物トレーダー

この最後の章の標題に驚いて、もう一度見直されたのではないでしょうか。

先物取引のコマーシャルのなかで、それにふさわしいプロフェッショナルで洗練された人物を表現するための「真剣な先物トレーダー」という言い回しを何度聞いたことでしょうか。先物や株式トレードは真剣なビジネスです。マーケット、トレード、レバレッジ、こんなシリアスなものに手を出しちゃいけないよ……マーケットの動きは速いのさ、君のランチなんかすぐに食われちゃうよ。いったん間違えばすぐに頭が吹っ飛んでしまうのさ。こんなシリアスなビジネスはほかにないよ……。

かなり以前に、毎週仲間とポーカーを楽しんでいたことがありました。5セント、10セント、そして25セントが賭けの上限で、ほんのお遊びでした。私は基本的には控えめなプレーヤーだったため、ほとんど勝っていました。勝っても負けてもゲームのあとではいつもいいゲームだったと言うことができました。それは本当に楽しいものでした。

あるとき、違うグループに招かれてポーカーをすることになりました。掛け金は1ドル、2ドル、そして掛け金の総額までの賭けが可能な「ポットリミットラストカード」でのゲームでした。私はすぐに自分がいつもの控えめなゲームをしていないことに気がつき、実際にひどいゲームをしていました。「これはぜんぜん面白くない……これはほんとにシリアスなビジネスじゃないか！」。私は直感的に席を立ち、負け分を支払って家に帰ることにしました。

私は趣味として素晴らしいトレードをしている人たちを知っていました。彼らはフルタイムのトレーダーとなることでトレードの技術を磨くことができ、生活の糧を得ることができると考えました。毎日会社に出勤するよりもはるかに楽しく、そして大金を稼ぐ可能性もあると考えていました。

問題は、生き残るために勝たなければならない状況において、トレードは真剣なビジネスに変わってしまうのです。そのようなプレッシャーのもとで重要な決断を下すとき、普通の人の場合は以前のようにはうまくできなくなってしまうのです。趣味としてやっていたときとはまったく違うのです。真剣になればなるほど、あなたの客観性は恐怖心と欲望の２乗に反比例して減少していくのです。

複数のソースから次の話を聞いていますが、おそらく真実も含まれているものと考えます。平均的には、取引所フロアでの取引の75％はローカルズ同士のトレードだと言われています。この日、このマーケットで最も大きく最も成功しているトレーダーが大きな買いポジションを抱えているとの話が伝わりました。マーケットはどんどん下げており、ほとんどのローカルズは売りポジションを膨らませていました。彼らはこのトレーダーが負けポジションに嫌気がさしてポジションを手仕舞えば、マーケットは大きく下げることになり、彼らの売りポジションがかなりの利益を生むだろうと考えていたのです。そして多くのローカルズたちは、機会があるごとにマーケットを売り込み続けていったのです。

その大きなトレーダーはついにゲームに疲れ、マーケットの下に1000枚の買い注文を入れたのです。マーケットは下げ続けました。そしてついに置かれていた1000枚の買い注文にぶつかったのです。フロアは混乱しました。ローカルズたちは先を争って売りポジションを手仕舞おうと慌てふためき、ローカルズたちのストップ注文を次々に誘発しながらマーケットは銃弾のように急上昇したのです。言うまでもなく、平静を取り戻したときには、多くのローカルズに大きな損失が残ったのです。

なぜそのような行動をとったのかと聞かれたそのトレーダーは、「トレードにはユーモアのセンスが必要なんだ」と言ったそうです。

私は考えれば考えるほど、トレードに真剣になりすぎないで、遊び心を持ったまま取り組めば、ずっとうまくトレードすることができると確信するようになりました。その理由も知っているつもりです。

トレーダーが常に扱わなければならないものが３つあります。それは客観性、恐怖心、そして貪欲さです。トレードが真剣なものになったとき、結果が重要な意味を持つことになったとき、恐怖心と貪欲さがトレーダーの判断に影響を与えるようになるのです。トレーダーは状況がさらに深刻になると客観性を失ってしまうのです。あるポイントに達すると恐怖心と貪欲さがすべてを支配するようになり、そのときに誤った判断が下されるのです。

もし遊び心がトレーダーをより良くするのであれば、その遊び心はどのように作用するのでしょうか。良い質問です。すべてのトレーダーに当てはまる適切な答えはないでしょうが、私にとってうまく機能する方法を伝えることにします。

まず、マーケットを数字、そしてチャート上の線としてとらえることです。マーケットをチャレンジとして、そして楽しいゲームとして考えるのです。割合を重視し、規律が大きなウエートを占めるゲームとして考えるのです。正しい行動がとれるかどうかを確かめるゲームとして考えるのです。

先物トレーダーはけっして幸福にはならないと言われています。負ければ負けたことで不幸です。勝てば勝ったで、もっと大きなポジションを持たなかったことから不幸なのです。トレードをしながら幸福になれる方法を話しましょう。１週間が終わり、その週のトレードを振り返り、「やったことはすべて正しかった」と言えれば、幸福になれる理由がそこにあるのです。その週に勝ったか負けたかは重要な問題ではないのです。正しいことをして負けるほうが、間違ったことをして勝つことよりもましなのです。誤った行動はゆくゆく破滅へと通じる道なのです。正しい行動は成功へと導いてくれるのです。

次に、「銭勘定」をしないことです。ポイントとしてとらえるのです。トレードの最中に、そのトレードについての銭勘定をしてはいけないのです。

３番目に、金銭を稼ぐためにトレードするのではなく、ゲームに勝つためにトレードするのです。要するに、金銭を重要視するのではなく、成功するトレーダーであることに重点を置くのです。成功すれば金銭は自然にそこに現れるのです。

４番目に、最初はとても小さなポジションを持ち、恐怖心や貪欲さを排除することです。成功するようになったときに、ポジションを大きくしていくのです。けっして金銭を気にするほど大きくしてはいけません。

目的はゲームに参加し、楽しんで、勝つことです。それが利益に結びつくのです。マーケットではそれが重要なのです。

ジム・スローマンの次の言葉でこの本を書き終えることにします。

「私たちの本質と生命という観点から見れば、また神の目から見れば、私たちは非常に重要な存在です。しかし、私たちは、宇宙全体の存在に比べれば無意味なものです。私たちは、ここに存在する特権と私たちが所有する諸々に対し感謝しなければいけません。私たちは明るく、朗らかに、陽気に私たちの存在を楽しまなければならないのです。

私たちはマーケットという素晴らしいゲームでトレードできること

を感謝しなければなりません。しかし、それは遊び半分の単なるゲームにすぎないことを忘れないでください。結果を気にせず、深刻にならないで気楽に楽しんでいるときにうまくいくのです。

ゲームの結果が重要になってくると、私たちの行動を変えてしまいます。深刻になり、重要な問題になると、恐怖と貪欲さに翻弄されて最悪の行動をとってしまいます。

ゲームに勝つことが重要になればなるほど、勝つ可能性が低くなるという大きな矛盾が存在するのです。ゲームに対して遊び心を持つことができれば、とてもうまく行動できるのです。以下の項目は、ゲームを深刻化することによって、楽しく参加する能力を低下させる要因となるものです。

①過大なポジションを持つこと
②遠すぎるストップを置くこと
③なんであれ、大きすぎるリスクをとること
④他人に自分がいかに優れたトレーダーであるかを示そうとすること
⑤トレードコンテストに参加すること
⑥自分のポジションを他人に自慢すること
⑦トレードの利益に対し「生活の必要額」を相対的に増やすこと
⑧トレードで生き残る必要があること

まとめとして、賢い人間は川の流れに身を任せ、宇宙の究極の知恵と善を信じて、結果にこだわらずに明るく陽気にベストを尽くすのです。ここに存在する特権を楽しみ、愛着と無関心を兼ね備えて自分の小さな役割を演じ、そして川は流れるべきところに流れ着くことを理解して穏やかな気持ちを持つのです。この地球に存在するかぎり、今現在に生きて、その瞬間ごとの美しさに喜びを感じるのです。

幸運と良きトレードに恵まれますように！

エピローグ

1972年、私は不動産業から離れ、フルタイムでマーケットリサーチの仕事を開始しました。コンピューターを買い、マーケットで儲ける秘密を発見する探究心にかられて仕事を開始しました。最初は数理モデルに解答を求めました。1978年に出版した『**ワイルダーのテクニカル分析入門**』（パンローリング刊）によって、その一部を公開し、テクニカルトレードの世界ではかなり名が通るようになりました。

1983年、マーケットには美しく、本当にシンプルな秩序が存在していること、そして、その秩序はうまく隠されていることからだれにも発見されていないことを学びました。その秩序はデルタ（DELTA）と呼ばれています。

次に、私はこの本で紹介したアダムセオリーを知りました。

私の探求の軌跡は、かなり複雑な手法から非常に簡単なアプローチへと変化しました。考えてみると、私がマーケットについて知っている最も重要なことは、本当に簡単なことであることに驚いています。これらを学べたことは本当に幸運だったと思います。

そして、１人の人間がわずか３年でマーケットの秩序と、インナーシンメトリーを発見したことは称賛に値すると考えます。ジム・スローマンはほかにもマーケットに関する驚くべきことを発見しています。マーケットには秩序のみならず、すべてのマーケットにおけるすべての時間枠に適応できる数式が存在するのです。

彼は、いつか何らかの方法でこの発見を公表することでしょう。

今回の探求の旅について１つ言えることは、本当に胸を躍らせるような楽しい挑戦であったということです。

付録　日本円先物（IMM）

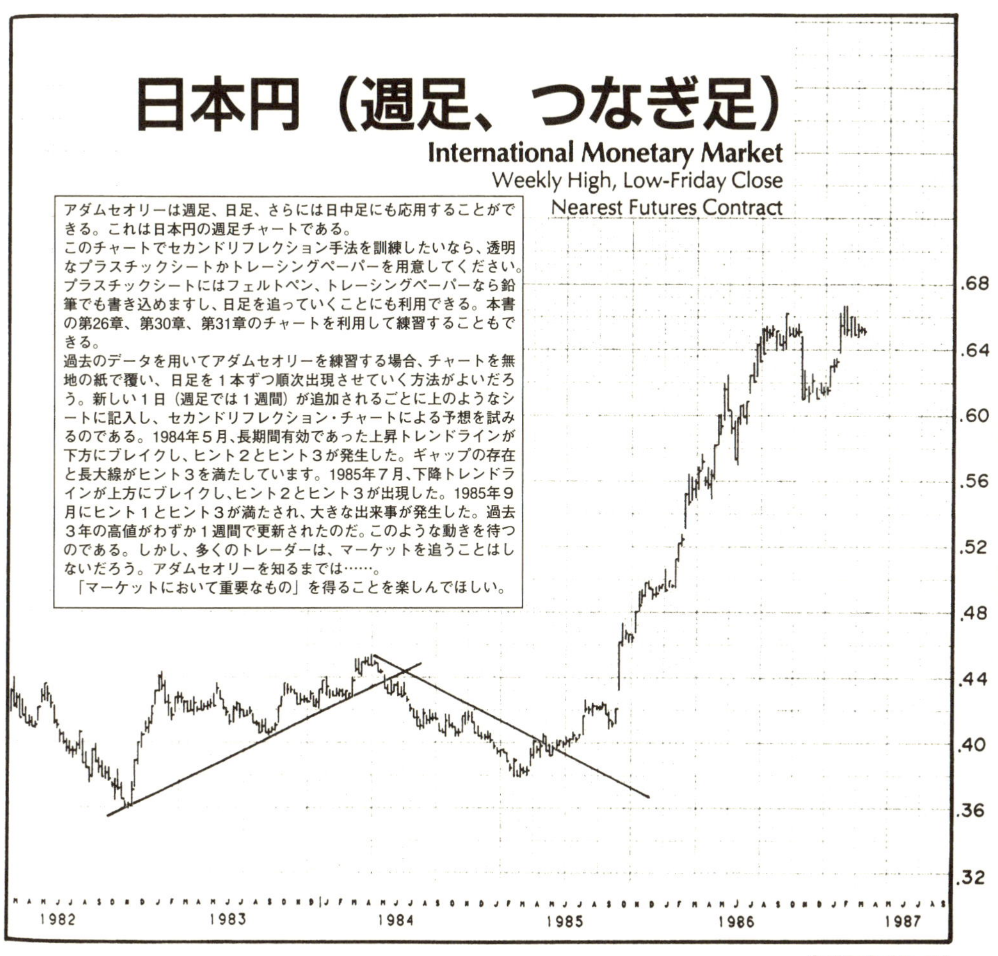
日本円（週足、つなぎ足）
International Monetary Market
Weekly High, Low-Friday Close
Nearest Futures Contract
アダムセオリーは週足、日足、さらには日中足にも応用することができる。これは日本円の週足チャートである。
このチャートでセカンドリフレクション手法を訓練したいなら、透明なプラスチックシートかトレーシングペーパーを用意してください。プラスチックシートにはフェルトペン、トレーシングペーパーなら鉛筆でも書き込めますし、日足を追っていくことにも利用できる。本書の第26章、第30章、第31章のチャートを利用して練習することもできる。
過去のデータを用いてアダムセオリーを練習する場合、チャートを無地の紙で覆い、日足を１本ずつ順次出現させていく方法がよいだろう。新しい１日（週足では１週間）が追加されるごとに上のようなシートに記入し、セカンドリフレクション・チャートによる予想を試みるのである。1984年５月、長期間有効であった上昇トレンドラインが下方にブレイクし、ヒント２とヒント３が発生した。ギャップの存在と長大線がヒント３を満たしています。1985年７月、下降トレンドラインが上方にブレイクし、ヒント２とヒント３が出現した。1985年９月にヒント１とヒント３が満たされ、大きな出来事が発生した。過去３年の高値がわずか１週間で更新されたのだ。このような動きを待つのである。しかし、多くのトレーダーは、マーケットを追うことはしないだろう。アダムセオリーを知るまでは……。
「マーケットにおいて重要なもの」を得ることを楽しんでほしい。
.68
.64
.60
.56
.52
.48
.44
.40
.36
.32
1982
1983
1984
1985
1986
1987

■著者紹介

J・ウエルズ・ワイルダー・ジュニア（J. Welles Wilder, Jr.）

さまざまな新しいオシレーターを開発し、テクニカルトレードシステム分野に革命を起こしたワイルダーは、自分自身も活発なトレーダーであると同時に、テクニカルシステムや分析方法に関するアドバイザーとしても活躍している。彼の研究は新聞、雑誌をはじめ、ラジオやテレビでも紹介されており、数あるトレードシステムのなかでも、彼のシステムがおそらく世界中で最も多く使われている。また、ワイルダーはアジアやオーストラリア、カナダ、アメリカ、ヨーロッパで、テクニカルトレーディング・セミナーを開催している。また、自ら経営するトレンド・リサーチ社（ノースカロライナ州マクリーンスビル）では、こうしたセミナーだけでなく、トレーディング関連ソフトウエアの販売や著作の発行も行っている。著書に『ワイルダーのテクニカル分析入門――オシレーターの売買シグナルによるトレード実践法』（パンローリング）などがある。

■監修者紹介

長尾慎太郎（ながお・しんたろう）

東京大学工学部原子力工学科卒。北陸先端科学技術大学院大学・修士（知識科学）。日米の銀行、投資顧問会社、ヘッジファンドなどを経て、現在は大手運用会社勤務。訳書に『魔術師リンダ･ラリーの短期売買入門』『新マーケットの魔術師』など（いずれもパンローリング、共訳)、監修に『高勝率トレード学のススメ』『ラリー・ウィリアムズの短期売買法【第２版】』『コナーズの短期売買戦略』『続マーケットの魔術師』『続高勝率トレード学のススメ』『ウォール街のモメンタムウォーカー』『投資哲学を作り上げる　保守的な投資家ほどよく眠る』『システマティックトレード』『株式投資で普通でない利益を得る』『ブラックスワン回避法』『市場ベースの経営』『金融版 悪魔の辞典』『世界一簡単なアルゴリズムトレードの構築方法』『ハーバード流ケースメソッドで学ぶバリュー投資』『システムトレード 検証と実践』『バフェットの重要投資案件20 1957-2014』『堕天使バンカー』『ゾーン【最終章】』『ウォール街のモメンタムウォーカー【個別銘柄編】』『マーケットのテクニカル分析』『ブラックエッジ』『逆張り投資家サム・ゼル』『マーケットのテクニカル分析 練習帳』など、多数。

■訳者紹介

吉田真一（よしだ・しんいち）

1983年、カナダ・ブリティッシュ・コロンビア州立サイモン・フレーザー大学経済学部修士課程修了。外資系金融機関において為替、債券および各種デリバティブ取引業務に携わる。現在、邦銀勤務のかたわらクラシックギタリストを目指し修行中。

2003年９月24日　初　版第１刷発行
2019年４月２日　新装版第１刷発行

ウィザードブックシリーズ㉗⑧

ワイルダーのアダムセオリー
――値動きこそがすべて

著　者　Ｊ・ウエルズ・ワイルダー・ジュニア
監修者　長尾慎太郎
訳　者　吉田真一
発行者　後藤康徳
発行所　パンローリング株式会社
〒160-0023　東京都新宿区西新宿7-9-18　6階
TEL 03-5386-7391　FAX 03-5386-7393
http://www.panrolling.com/
E-mail　info@panrolling.com
編　集　エフ・ジー・アイ（Factory of Gnomic Three Monkeys Investment）合資会社
装　丁　パンローリング装丁室
組　版　パンローリング制作室
印刷･製本　株式会社シナノ

ISBN978-4-7759-7247-2

J・ウエルズ・ワイルダー・ジュニア

さまざまな新しいオシレーターを開発し、テクニカル・トレーディングシステム分野に革命を起こしたワイルダー。自分自身も活発なトレーダーであると同時に、テクニカルシステムや分析方法に関するアドバイザーとしても活躍。彼の研究は新聞、雑誌をはじめ、ラジオやテレビでも紹介され、数あるトレーディングシステムのなかでも、彼のシステムがおそらく世界中で最も多く使われている。

ウィザードブックシリーズ 277

ワイルダーのテクニカル分析入門

オシレーターの売買シグナルによるトレード実践法

定価 本体4,800円+税　ISBN:9784775972465

RSIやADX開発者自身による伝説の書！
ワイルダーの古典を完全翻訳！

本書は、すでにアメリカの各市場で広く使われているRSIに加え、6つの独創的 かつ画期的なシステムを紹介している。その他にも、CSI（銘柄選択指数）や資金管理にも言及している。

ワイルダーは「ひとつのシステムで方向性がある場合もない場合も、安定して利益を出すことのできるものは存在しない」ことを前提に、その打開策としてディレクショナルムーブメント（方向性指数）の活用を提唱している。この指数は、トレンドの大きさを0から100までの数値で表したもので、「これを基にしたシステムは、方向性の均衡点を利用してポジションがトレンドから外れないようにしている」。

ディレクショナルムーブメント、ボラティリティ、モメンタム、相対力指数、CSI（銘柄選択指数）の各章は、それぞれを定義し、説明した後、その概念を基に開発したシステムを紹介している。これらのシステムは仕掛けや手仕舞いの明確なシグナルを出す画期的なもので、各システムの仕組みやシグナルの意味も合わせて解説してある。

また図表やワークシート、チャートをふんだんに使って、初心者でもその指標を簡単に算出できるように配慮した本書は、すべてのトレーダーにとってかけがえのない財産になるだろう。

ワイルダーが考案した6つのシステム！

- パラボリックタイム／プライスシステム
- ディレクショナルムーブメント・システム
- リアクショントレンド・システム
- ボラティリティシステム
- トレンド・バランス・ポイント・システム
- スイングインデックス・システム

ウィザードブックシリーズ 274

トレンドフォロー大全

上げ相場でも下げ相場でもブラックスワン相場でも利益を出す方法

マイケル・W・コベル【著】

定価 本体7,800円+税　ISBN:9784775972434

なぜいつもトレンドフォロワーは最後に勝ってしまうのか？ ブームにもバブルにもパニックにも大暴落にも機能する戦略！

本書は上げ相場でも、下げ相場でも、まったく予期しない相場でも利益を上げることができるトレード戦略について書かれたものである。ブル相場であろうと、ベア相場であろうと、経験や統計で予測できないブラックスワン相場であろうと、簡単で再現性のあるルールを適用し、トレンドが変わる瞬間までトレンドに従うことでだれでも市場で利益を出すことができるのだ。彼の古典をベストタイミングで全面改訂した本書では、トレンドフォロー戦略をリスク、利点、人々、システムに焦点を当てて分析している。何百万ドルも稼いだトレーダーや彼らの成功と失敗から、多くのことを学べるはずだ。こうした話は本書でしか読むことはできない。さらにトレンド哲学や、それがブーム、バブル、パニック、大暴落のときにどう機能したかも学ぶことができる。しっかりとしたデータと動かぬ証拠、そして行動ファイナンスを駆使して、トレンドフォローの中核となる原理を突き詰めた本書は、新米トレーダーからプロトレーダーまであらゆるトレーダーにとって役立つはずだ。市場からアルファを引き出すにはどうすればよいのか。その答えは本書のなかにある。

この改訂版では7人のプロトレーダーへのインタビューと彼の独自ネットワークを使って取得したトレンドフォローの研究論文が新たに加えられ、今日的なトピックが満載されている。パッシブインデックスファンドを超えた耐久性のあるポートフォリオを構築したい人、FRBを信じてばかりもいられないと思う人にとって、これほどパーフェクトな本があるだろうか。

- **偉大なトレンドフォロワーと出会い、彼らのルールとゲームの哲学を学ぼう。**
- **窮地に陥ったとき、トレンドフォローがいかに素晴らしいものであるかを実感するためにデータを分析してみよう。**
- **トレンドトレードを理解しよう。トレンドトレードの中核をなすものは行動経済学やルールに基づく意思決定で、効率的市場仮説はその対極にある。**
- **トレンドトレードの哲学を学び、自分で実践してみよう。あるいはトレンドフォローファンドに投資してもよいだろう。**

トレンドフォローとは予測をすることではなく、パッシブインデックス投資でもなければ、買ってただ祈ることでもない。トレンドフォローはいかなる形のファンダメンタルズ分析でもない。トレンドフォローとは具体的なルール、つまり経験則を使って、人間の行動心理を利用して利益を上げる戦略のことを言うのだ。トレンドフォローは非常に明快で、簡単で、根拠に基づく戦略だ。常にカオスのなかにある複雑な世界で利益を上げたい人にとって、トレンドフォローほど確実な戦略はいまだこの地球上では発見されていない！

ウィザードブックシリーズ 257

マーケットのテクニカル分析
トレード手法と売買指標の完全総合ガイド

ジョン・J・マーフィー【著】

定価 本体5,800円+税　ISBN:9784775972267

世界的権威が著したテクニカル分析の決定版！

1980年代後半に世に出された『テクニカル・アナリシス・オブ・ザ・フューチャーズ・マーケット（Technical Analysis of the Futures Markets）』は大反響を呼んだ。そして、先物市場のテクニカル分析の考え方とその応用を記した前著は瞬く間に古典となり、今日ではテクニカル分析の「バイブル」とみなされている。そのベストセラーの古典的名著の内容を全面改定し、増補・更新したのが本書である。本書は各要点を分かりやすくするために400もの生きたチャートを付け、解説をより明快にしている。本書を読むことで、チャートの基本的な初級から上級までの応用から最新のコンピューター技術と分析システムの最前線までを一気に知ることができるだろう。

ウィザードブックシリーズ 261

マーケットのテクニカル分析練習帳

ジョン・J・マーフィー【著】

定価 本体2,800円+税　ISBN:9784775972298

テクニカル分析の定番『マーケットのテクニカル分析』を完全征服！

『マーケットのテクニカル分析』の知見を実践の場で生かすための必携問題集！　本書の目的は、テクニカル分析に関連した膨大な内容に精通しているのか、あるいはどの程度理解しているのかをテストし、それによってテクニカル分析の知識を確かなものにすることである。本書は、読みやすく、段階的にレベルアップするように作られているため、問題を解くことによって、読者のテクニカル分析への理解度の高低が明確になる。そうすることによって、マーフィーが『マーケットのテクニカル分析』で明らかにした多くの情報・知識・成果を実際のマーケットで適用できるようになり、テクニカル分析の神髄と奥義を読者の血と肉にすることができるだろう！

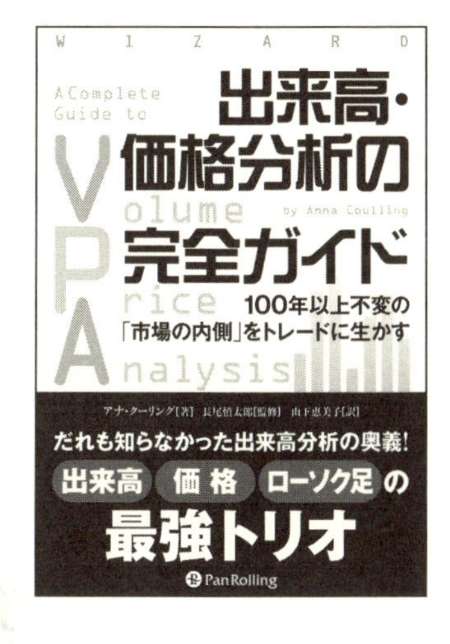

ウィザードブックシリーズ 223

出来高・価格分析の完全ガイド

100年以上不変の「市場の内側」をトレードに生かす

アナ・クーリング【著】

定価 本体3,800円+税　ISBN:9784775971918

FXトレーダーとしての成功への第一歩は出来高だった！

本書には、あなたのトレードにVPA（出来高・価格分析）を適用するために知らなければならないことがすべて書かれている。それぞれの章は前の章を踏まえて成り立つものだ。価格と出来高の原理に始まり、そのあと簡単な例を使って2つを1つにまとめる。本書を読み込んでいくと、突然、VPAがあなたに伝えようとする本質を理解できるようになる。それは市場や時間枠を超えた普遍的なものだ。

ウィザードブックシリーズ 108

高勝率トレード学のススメ

小さく張って着実に儲ける

マーセル・リンク【著】

定価 本体5,800円+税　ISBN:9784775970744

あなたも利益を上げ続ける少数のベストトレーダーになれる！

夢と希望を胸にトレーディングの世界に入ってくるトレーダーのほとんどは、6カ月もしないうちに無一文になり、そのキャリアを終わらせる。この世でこれほど高い「授業料」を払う場があるだろうか。こうした高い授業料を払うことなく、最初の数カ月を乗り切り、将来も勝てるトレーダーになるためには、市場での実績が証明されたプログラムが不可欠である。本書はこのような過酷なトレーディングの世界で勝つためのプログラムを詳しく解説したものである。